청년의 시 읽기

김익균

난폭한 독서

민음사

청년의 시 읽기

■ 시인 천상병은 내게 가난하고 거친 삶을 산 사람도
얼마든지 멋진 글을 쓸 수 있음을 알려 준 사람이다.
'아버지의 집을 벗어난' 시인들의 문장은 언제나 시대를
초월하는 공감을 준다. 김익균이 택하고 해설해 주는 시들은
궁상맞은 현실에 발붙인 채 치열하게 살아간 흔적이다.
젊을수록 고통스러운 시대, 청춘 예찬이 기만 같은 요즘.
공감을 찾아 헤매는 청년들은 이 책을 꼭 읽어 보시길.
죽어라 고생하며 한 글자씩 벼려 낸 청년 시인들의 이야기가
우리 현실과 맞닿아 있다.
— 천현우(『쇳밥일지』 저자)

■ 제국시대가 다시 도래하려는 오늘날, 대혼란 앞에서는
누구나 청년이고 시인이다. 청년에게는 발버둥 치는 자기의
시대가 있고, 시는 항상 시인을 딛고 시대를 넘어서려 한다.
독립지사와 망명객, 부역자와 가해자, 병자와 비인간. 여전히
바로 어제 우리를 떠난 듯한 젊은이들과 그들을 떠나보낸
젊은이들의 시가 있다. 화석화된 해석과 타자화된 논란의
틈새를 비집고, 김익균은 '나 자신' 되어 여러 모습의 한국
청년 시를 책임 있게 관통한다. 미래의 독자가 오직 스스로
함께 옴을, 그것이 바로 우리임을 예감시키는 책.
— 유리관(『교정의 요정』 저자)

청년과 함께
이 시를

시는 왜 읽는가? 살며 생각하며 우리가 접하는 시는 세상에 숱하게 많은 독서물 중의 하나에 불과한지도 모른다. 누구나 저마다 다른 독서 취향을 갖고 있기 마련이다.

나의 원초적 독서 체험은 초등학교에 입학해서 배정된 교실 의자에 앉은 순간이다. 교과서를 전달받자마자 학생들은 제각각 교과서를 낭독하기 시작했는데 그 자리에서 나는 일종의 문맹자로 느껴졌다. 눈앞이 캄캄한 채로 한참을 그렇게 앉아 있었다. 그 후로 오랫동안 내게 책을 읽는다는 건 눈앞이 캄캄해지는 경험 앞에 서는 일이었다.

시를 읽는 일은 그런 원초적인 캄캄함 앞에 즐거이 나서는 일이 아닐까? 시는 언어 자체가 주는 즐거움을 의미보다 앞세울 수 있는 별스러운 놀이일 테니까 말이다. 폭포수처럼 쏟아지는 아이들의 글 읽는 소리를 듣던 초등학교의 그 교실에서처럼 시는 우주의 캄캄함 앞에 나를 세워 놓는다.

그렇게 시 읽기의 즐거움에 빠져들다 보면 어느새 시는 언어의 의미와 언어 바깥의 현실을 구분할 수 있게 해 준다. 언어가 가진 대표적인 기능을 대상지시라고 한다면 시는 대상지시를 유예하는 독서물이기 때문이다. 그런데 이러한 유예는 독자가 선입견으로부터 벗어나 2차적 대상지시로 나아갈 수 있기 위한 조건이기도 하다. 하루하루 살아가는 일이 마모되어 가는 것처럼 느껴질 때, 나라는 존재가 세상의 기준에 자꾸만 잠식되어 간다고 느낄 때가 바로 시를 읽을 시간이다. 시를 읽는 동안 나와 세상 사이에는 구두점 하나가 마련되고 그 구두점은 장차 다른 세상을 발견하고 그 세상으로 건너가게 해 줄 디딤돌이 된다.

시 읽기는 시와 시인 사이, 시인과 세상 사이의 간격을 음미하고 그 경계 위에서 만나 함께 걷는 일이다. 역사책이나 철학책이 가르쳐 주는 것과는 다르게 세상이라는 텍스트를 읽어 내는 자신을 놀랍고 기쁘게 맞이하게 되는 것이다.

시의 독자 되기

시는 미학의 대상인 예술작품이기도 하지만 무엇보다 우리가 그 일부를 구성하는 텍스트다. 시는 상호 텍스트성이 본질이다. 시를 읽는 일은 현실에 대한 기존의 이해를 부단히 복수화하는 생산적인 작업이라고 할 수 있다. 생활세계는 독서 활동을 통해 보충되어야 무너지지 않는다.

프리모 레비는 홀로코스트를 이야기하기의 어려움에 대해서 이렇게 말한다. "너무 자주 환기되고 이야기 형태로 말해진 기억은 상투형으로 고정되고, 곧 결정화되고 완벽해지고 추앙받은 경험의 검증된 형식이 되는 경향이 있다. 그런 기억은 원료 기억의 자리에 대신 들어가서 그것을 희생시키고 성장하게 된다."[1] 여기에서 '기억'의 자리에 '시'를 넣으면 어떨까.

자주 환기되고 이야기로 말해진 시는 상투형으로 고정된다. 교과서에서 배운 한용운은 3·1운동의 민족지도자이고 불교의 대선사다. 서정주는 '부

---

1   프리모 레비, 이소영 옮김, 『가라앉은 자와 구조된 자』(돌베개, 2014), 353쪽.

족언어의 마술사'이자 친일행위자로 떠오른다. 천상병은 세상살이가 아름다운 소풍이라고 노래하며 살다 간 어린아이 같은 마음의 소유자다. 그런데 이렇게 고정된 상에 거리를 두고 청년의 마음으로 다시 시를 읽으면, 격변하는 세상을 만나 길 위에 선 청년의 어쩔 줄 몰라하는 마음이 어렴풋이, 때로는 너무 가슴 아프게 느껴진다. 시의 독자가 된다는 것은 우주의 고독 속에서 자신을 묻는 시간을 돌려받는 일이다. 우주만큼이나 커다란 그 모든 물음 앞에서 버텨 내는 나의 역량을 향유해 보는 건 즐거운 경험이다.

나는 서정주와 한용운을 연구했고 대학에서 시를 가르치고 있다. 내가 학문으로서 시를 접하게 됐을 때 가장 넘어서기 힘들었던 것은 한국 사회의, 그리고 내 안의 서정주 혐오였다. 어떤 어른들은 서정주를 읽는 나에게 그저 아름다운 시를 남겼던 별 볼 일 없는 사람으로 치부하면 된다고 충고해 주었던 것 같다. 그것이 '요즘 청년들이 공부는 많이 해서 똑똑하지만 사람이 덜 됐다'는 식의 혐오와도 겹쳐 보여 마음이 아팠다. 시 뒤에는 사람이 있다는 단순한 진실을 탐구하는 일은 긴 시간을 필요로 했다.

서정주 연구로 학위를 마치고 학자로서 처음 새로운 연구 주제를 고민하고 있을 때 운명처럼 다가온 것이 '독서 대중'이라는 말이다. 독서 대중이란 대중이면서 독서인인 사람들을 말한다. 대중이란 대중 매체에 수동적으로 휩쓸릴 수도 있고, 전통 사회에서는 소수만의 것이었던 책을 능동적으로 즐길 수도 있는 존재다. 나 역시 1970년대가 낳은 독서 대중이고, 거슬러 올라가면 서정주는 원초적인 의미의 독서 대중이다. 민족 시인으로 추앙받는 시인을 나와 같은 독서 대중으로 볼 때, 숭배와 격하의 반복에서 벗어날 길이 열린다.

　　우리를 이끌어 줄 참스승에 대한 갈망은 언제나 크지만 그것은 헛된 소망에 그칠 때가 많다. 그리고 누구나 성장하면 자신의 스승의 손을 떠나게 된다. 그때에 우리는 불안하게 흔들리며 어딘가에 쏠리기 마련이지만 그 와중에 독서인으로서 홀로서기를 다시 시도해야 한다. 그 부단한 과정 속에서 자기를 포기하지 말아야 한다.

　　강의실에서 학생들을 가르치면서 나는 시 읽기를 업데이트 한다. 어제와 다르게 시를 읽는다는 것, 거기에 청년의 시 읽기의 전부가 있다고 믿으면서.

청년이 되어 시 읽기

　이 책은 일곱 시인이 청년 시절에 쓴 시를 읽는다. 청년이란 생물학적인 연령으로 가장 생기 있고 변화에 민감한 시기를 말하는 데 그치지 않는다. 청년이란 인생 전체와 대결할 수 있는 유일무이한 계절이다. 이는 천상병의 말이지만, 우리는 어릴 때는 물론이고 또 늙어서도 청년이 되기 위해 살아가는 존재라는 점에서 내게는 진실로 받아들여진다. 청년이란 자기를 찾아가는 인생인 것이다.

　1부에서는 근대의 시인 한용운, 서정주, 천상병의 가장 빛나는 시절과 시를 소개한다. 20세기는 역사의 진창을 헤매는 대중들이 바라다볼 하늘의 별과 같은 시인들이 살았던 시대다. 한국 시사에서 한용운, 서정주, 천상병은 전통에 반항하면서 전통을 이룬 서정시인들이다. 특히 이들 셋을 꼽은 것은 지금 우리가 속한 근대 세계의 여명을 바라보는 청년의 눈(한용운)을 마주치고, 역사의 폭력 앞에서 온전히 자기가 된다는 것의 불가능성을 타자에게 열림(서정주)으로, 또 세상에 거주함(천상병)으로 넘어선 이들에게서 현재성을 느끼기 때문이다.

　2부에서는 우리 시대의 시인인 허수경, 황병

승, 황인찬 그리고 차도하의 시를 읽으며 21세기를 차분히 되돌아본다. 1980년대 이후로 냉전 체제의 해체라는 세계사적 변화가 있었다. 그것은 이미 많은 사람들이 그전에 눈치챘듯이 미래의 유토피아를 위해 현재의 폭력을 용인하는 신화가 더는 작동하지 않는 시대의 당연한 귀결이었다. 전통에 대한 반항으로 다시 전통을 세우는 되풀이가 그 의미를 상실하고 여성, 퀴어, 비인간이라는 더 적은 주체가 등장한다. 이제 시인은 동요하는 대중들에게 길을 이끄는 존재가 아니라 발목을 붙드는 타자가 되어 때론 짓밟히면서도 반딧불처럼 곁에서 함께 헤매고 있다. 이때 독자는 멀찌감치 하늘의 별을 바라보고 따르는 피동적인 위치에 머물 수 없다. 바야흐로 시인을 보호하고 보존할 책무가 독서 대중의 사명이 된 것이다.

언제나 그랬지만 그 언제에도 경험하지 못한 위기의 시대다. 갈림길에 선 청년들의 목소리는 살아 있는 생명의 목소리인가, 아직 죽지 못한 죽음의 목소리인가? 자살이 사망 원인 1위인 한국에서 청년의 자살은 우리 모두를 죽음의 시선 아래에 두게 한다. 그것은 '몫 없는 이들의 몫'을 찾아 나서자는 철학자들의 격문에서 희망을 발견하기 어려워진다는 의미일 것이다.

청년이라는 말은 그 자체가 근대에 발명되었다. 소년도 아니고 선각자도 아닌 중간적 위상에서 미래를 기투해야 했던 전환기의 발명품이 청년이다. 청년의 현재는 근대의 종언이 선언된 새로운 위기의 시대에 직면해 마치 전능자의 무능력에 대한 원망을 한 몸에 떠안은 형상이 아닌가. 전통에 대한 반항의 전통이 끝났듯이 청년의 신화도 끝이 났다. 그렇다면 청년의 목소리는 숱한 타자에 의해 변용될 수 있지 않을까?

"타고 남은 재가 다시 기름이 됩니다."(한용운, 「알 수 없어요」)라는 시와 함께 시인과 독자는 청년의 감성에 오염된다. 우리 시대의 위기는 특정한 개인이나 집단의 문제를 끄집어내는 계산적 이성으로는 그 곁에 다가가는 것조차 허락하지 않는 것 같다. 나는 위기를 비판하기보다 나 역시 그 일부가 되고 싶다.

바다로 돌아가는 길

나는 바다 소년이었다. 또래 친구가 없어도 재래시장의 아주머니나 길가에 좌판을 벌인 행상 아저씨들과 쉽게 어울려 놀았다. 부산 시장통 어른들은 자신들에게 먼저 말 붙이는 아이를 품어 주었다.

아이의 이야기를 들어주는 것은 그래도 어른들이었다. 물론 그네들은 짐을 나르고 손님을 상대하느라 바빴지만 나는 어른들 일하는 길을 졸졸 쫓아다니며 내가 알게 된 재미있는 이야기를 들려주었다. 지나고 보면 얼마나 귀찮았을까? 아이를 쫓아내지 않고 내버려둔 어른들의 노곤한 등과 옆얼굴을 기억한다.

가끔 엄마 손을 잡고 시장에 온 또래 아이들과 다망구나 숨바꼭질을 하기도 했다. 그건 사뭇 다른 즐거움이었지만 그 끝이 싫었다. 한참 재미있을 때 엄마들이 아이들을 불러가 버리면 나는 혼자 남게 되었다. 하늘은 어둑어둑해졌고 구불구불한 골목길을 터덜터덜 집으로 걸어가는 느낌이 늘 별로였다. 그래서 책을 읽고 시장통의 어른들에게 이야기해 주는 게 더 좋았던가 보다. 운 좋은 날은 행상하는 아저씨가 근엄하게 뭔가를 가르쳐 주기도 했다. 길가에 자리를 깔아 놓고 국 냄비나 수세미 등류를 팔던 아저씨였는데 내가 들려주는 한국사 대목을 다 듣고 나서는 성과 본관을 물어보셨다. 김해 김가라고 답을 했더니 또 무슨 파냐는 것이었다. 그

때 나는 파에 대해서는 들은 바가 없다고 말했더니 크게 실망한 내색을 하셨다. 내가 무언가 중요한 것을 모른다는 걸 깨우쳐 준 이름도 얼굴도 모르는 그 아저씨는 그날 내 인생에서 가장 흥미로운 순간을 선사해 주었다.

또 한번은 못골시장의 땜쟁이 아저씨가 혼자 소주를 마시고 있기에 그 무렵 푹 빠져 있던 삼국지 이야기를 했더니, 한참 들으시다가 너는 삼국지의 어떤 장군이 제일인 것 같으냐고 물어 주셨다. 나는 관우라고 대답했는데 땜쟁이 아저씨는 너는 삼국지를 헛 읽었다고 준엄하게 꾸짖으시며 조자룡이 최고의 장군이라고 하셨다. 그때 나는 취향이나 미적 판단의 차이가 엄존한다는 것을 처음 깨달은 것 같다. 나는 어른에게 뭐라고 더 말씀드리지 못했지만 그 순간을 소중하게 기억한다. 고등학생이 되었을 때 어쩐 일로 그분이 지나다 우리 집에 들러서 어머니랑 현관에서 잠깐 대화를 나누셨다. 얼굴을 한번 보고 가겠다 하셨는지 방에서 책을 읽다가 내가 부르는 소리에 나와 서는데 땜쟁이 아저씨는 멀찌감치서 지긋이 보기만 하시고 얼굴 봤으니 됐다고 하며 손을 흔들고 떠나셨다. 그게 마지막이었다.

못골시장에서 만난 어른들은 날마다 내가 보고 싶을 때 가서 볼 수 있고 내가 이야기하는 것을 들어 주었다. 하지만 세월이 지나고 보니 그분들도 날이 어둑어둑해질 때 엄마 손에 이끌려 떠나 버리던 또래 아이들과 다르지 않았다. 나이 쉰이 되고 보니 기억 속의 어른들과 내가 같은 또래가 되었다. 이름을 들은 적도 없고 얼굴도 기억한다고 장담할 수 없는 모든 이들이 이제는 내 마음의 세계에서는 어떤 순간순간의 또래로 남아 있다.

해가 떨어지면 집으로 가서 혼자 잠들곤 했다. 엄마 아빠는 기다리기에는 너무 늦은 시간에 들어오셨고 착한 어린이는 일찍 자고 일찍 일어나야 하기에. 나는 정말 일찍 일어났다. 매일 새벽 일찍 일어나 집을 나섰다. 산에 올라가서 바다를 바라보거나 바다로 걸어 가거나 1년 365일, 20년을 그렇게 걸어 나갔다. 바다와 놀면서는 이야기를 잠시 멈추고 시를 생각했다.

한용운, 서정주, 천상병, 허수경, 황병승 그리고 황인찬과 차도하를 바다는 태초부터 알고 있었던 것 같다. 내 이야기를 들어주던 어른들이나 짐짓 엄숙하게 세상 물정을 가르쳐 주마던 술주정꾼이나 엄마 손에 붙들려 가버린 아이들이 모두 저마다

들어가며　　　　　17

의 바다가 되어 바위에 부딪혀 부서지는 흰 포말처럼 시의 얼굴을 보여 주는 것이다.

바다로부터 너무 멀리 온 것 같다고 생각했는데 한국 시의 가난한 풍경을 이야기하다 보니 나는 늘 바다로 돌아가고 있었다는 생각이 든다. 천인합일의 세계가 부서져 버린 동아시아의 근대에 길을 떠나 역사의 트라우마를 승리의 기억으로, 혹은 처절한 패배의 기억으로 시를 써 온 이들. 이들과 만나고 웃고 울고 결국은 어깨 걸치고 바다로 돌아가는 길을 이야기하고 싶었다. 독자들도 이 책의 시와 이야기로부터 자신의 바다로 돌아가는 길을 발견하기를 바란다.

차례

일러두기

1부

1장

홀로서기
—한용운, 「알 수 없어요」

초등학생 시절 국어 시간에 숙제로 시 암송을 떠 맡는 경우가 있었다. 그래서 억지로 몇 시간 동안 애를 썼지만 시가 술술 나오는 편은 아니었다. 그 때 한용운의 「님의 침묵」과 「알 수 없어요」를 배웠다. 초등학생이 접한 시치고는 길이가 부담스러웠을 법한데 나는 이 시들에 매료되었다. 「님의 침묵」의 "님은 갔습니다. 아아 사랑하는 나의 님은 갔습니다."라는 첫 구절의 간곡한 어조도 좋고 바로 이어서 "푸른 산빛을 깨치고 단풍나무 숲을 향하여 난 작은 길을 걸어서 차마 떨치고 갔습니다."[1]라고

---

1   한용운 시 인용은 다음 판본을 따른다. 김종인, 『날카로운 첫 키스의 추억: 만해 한용운 『님의 침묵』 평설』(나남, 2008)

할 때의 도입부의 빠른 전개에서 드라마적인 박진감을 느꼈다. 「알 수 없어요」는 모든 구절이 다 좋았지만 후반부에 "연꽃 같은 발꿈치로 가이없는 바다를 밟고, 옥 같은 손으로 끝없는 하늘을 만지면서 떨어지는 날을 곱게 단장하는 저녁놀은 누구의 시입니까."로 이어지는 대목의 아름다움에 감탄했다.

지금은 많이 까먹었지만 초등학교 5학년 때 나는 분명히 학급생들 앞에서 이 시들을 막힘없이 암송했다. 그것은 어린 내게는 시에 대한 신앙을 선사한 이벤트나 같았다. 그때 여섯 살 터울의 누나가 독백처럼 건네던 말도 어렴풋한 옛일이다. "그래, 남자아이들이 한용운을 좋아하더라구."

지금은 군복무 중인 조카가 몇 해 전 수능 시험을 치를 때 한용운 시를 좋아하느냐고 물은 적이 있다. "한용운이 시험에 자주 나오지는 않아요."라며 건성으로 대화를 넘기는 걸 보며 『님의 침묵』과 그 백미인 「알 수 없어요」의 경이가 다음 세대에게는 전달되지 않을지도 모른다는 불안을 느꼈다. 새로운 세대에게 전해 주어야 마땅할 경이의 사건이 이대로 망실되어도 되는 것일까? 나는 내가 겪은 한용운의 매력을 증언할 수 있을까?

길 떠나는 청년

헤르만 헤세가 37세에 출간한 단편집 『크눌 프』에서 주인공 크눌프는 어린 시절 집을 나와 자신의 삶을 탕진한다. 크눌프는 눈 덮인 산속에서 홀로 죽음에 이르지만, 나에게 그의 탕진은 사랑으로 보였다. 크눌프는 생을 마치며 삶의 가치를 스스로 납득한다. 그렇게 존엄하게 죽음을 맞는다.

19~20세기 사람들은 이처럼 길을 떠나곤 했다. 고향에서 서울로, 시골에서 도시로 나아가 삶을 열었다. 지금도 공부를 하고 직장을 찾으러 살던 곳을 떠나는 일이 많지만, 지난 세기 어떤 사람들은 자기 자신으로부터 작별을 단행했고 다시는 돌아가지 않았다. 한용운에게도 돌아오지 않는 길떠남이 있었다. 그때 나이는 스물넷이었다. 길 위에서 한용운은 '님의 침묵'을 온몸으로 겪었고 자기만의 답변을 계곡의 메아리처럼 받아 안을 수 있었다. 메아리는 그의 내면을 넘어서 시가 되었다.

한용운은 1879년 충청도 서해안에 있는 홍성군 결성면 성곡리 박철부락에서 한응준의 둘째 아들로 태어났다. 속명은 한유천이다.

세대로 분류하면 한용운은 개항 이후 태어나

서 갑오개혁 이후 성장기를 보낸 1기 신문화운동의 주역 세대라고 할 수 있다. 일본 제국주의의 그늘이 점차 짙어지던 때 종교는 독립 정신을 유지할 정신적 토대였다. "국가의 재력과 병력이 비록 허약하나 자국의 종교와 자국의 역사를 능히 보존하면 독립정신이 전멸하지 아니하여 마침내 국권을 회복하나니"[2]라는 논조가 당시 신문에서 더러 보인다. 1기 신문화운동은 신종교와 밀접한 관련이 있다. 봉건적 사회 통합의 이념으로 그 사명을 다한 유교를 대신해 국민 통합과 국권 회복의 구심점을 마련한 주축은 기독교, 천도교였다. 그런데 한용운은 불교계의 물적 토대를 발판으로 《유심》 발간에 뛰어들 수 있었다. 《유심》은 근대문학의 한 기원인 동인지 《창조》보다 앞서 근대시를 실험한 종합잡지였다.

한용운은 개신교의 안창호나 천주교의 안중근, 천도교의 최린, 유교의 김창숙·신채호 등과는 동갑이거나 한 살 터울이다. 이 점에 주목할 때 불교계 신문화운동의 주역이었던 한용운의 세대적 좌표가 선명해진다.

---

2   「신교자강(信敎自强)」, 《대한매일신보》 1905년 12월 1일 자.

한용운의 아버지 한응준은 한용운이 여덟 살 때 홍성(옛 이름 홍주)의 아전 군속으로 취업하는데 1894년에는 동학군을 토벌하는 행목사가 된다. 1894년의 동학운동과 1896년 1월의 홍주의병 등의 역사적 부침 속에서 한용운은 방랑을 떠난다. 홍주의병에서 부친이 죽자 고향으로 잠시 돌아오지만 마침내 돌아오지 않는 길을 떠나게 된다.

그해가 갑진년의 전해(1903년)로 대세의 초석이 처음으로 기울기 시작하여서 서울서는 무슨 조약이 체결되어 뜻있는 사람들이 구름같이 경성을 향하여 모여든다는 말이 들리었다. 그때에 어찌 신문이나 우편이 있어서 알았으리만은 너무도 크게 국가의 대동맥이 움직여지는 판이 되어 소문은 바람을 타고 아침저녁으로 팔도에 흩어지었다. 우리 홍주서도 정사에 분주하는 여러 선진자들은 이곳저곳에 모여서 수군수군하는 법이 심상한 기세가 아니었다.

그래서 좌우간 이 모양으로 산속에 파묻힐 때가 아니라는 생각으로 하루는 담뱃대 하나만 들고 그야말로 폐포파립으로 나는 표연히 집을 나와 서울이 있다는 서북 방면을 향하여 도보하기 시작하였으니

부모에게 알린 바도 아니요, 노자도 일푼 지닌 것이 없는 몸이며 한양을 가고나 말는지 심히 당황한 걸음이었으나 그때는 어쩐지 태연하였다. 그래서 좌우간 길 떠난 몸이매 해 지기까지 자꾸 남들이 가르쳐 주는 서울길을 향하여 걸음을 재촉하였다.[3]

러일 전쟁 직전의 비상한 시국을 한용운은 "여러 선진자들"의 수군대는 소리로 접한다. 1903년 한용운은 고향인 충청도를 떠나 서울로 가기 위해 서북쪽으로 걸어가다가, 동쪽으로 방향을 구부려 강원도에 들어선다.

서울로 가는 길

한용운의 서울행을 동년배들과 비교해 보자. 안창호는 1902년 9월에 미국 유학을 목적으로 이혜련과 함께 인천 제물포항을 출발해 일본과 하와이를 거쳐 그해 10월 캐나다 밴쿠버에 상륙했다. 1907년 귀국길에 오를 때까지 안창호는 미국 서부를 기반으로 민족주의 지도자로 성장하게 된다. 최

3   한용운, 「나는 왜 승이 되었나」, 《삼천리》 6호(1930년 5월).

린은 일본 망명 중인 박영효가 모의하던 2차 정변에 연루될 위험을 피해 1902년 3월에 일본 오사카로 피신했다가, 1903년 '입신양명'하라는 아버지의 권유를 따라 서울로 가서 1904년 10월에 황실유학 특파원으로 일본에 도착한다.

한용운은 어린 시절 아버지가 의로운 사람이 되라 타일렀다고 회고한다. 같은 해에 태어난 최린과 한용운은 모두 아버지 말씀을 따라 앞다투어 나아갔다. 그런데 서로 다른 신분 조건을 가진 두 사람 중에서 서울은 최린만을 따뜻하게 맞아 주었던 것이다.

해는 이미 기울고 발에서는 노독이 나고 배는 고파 오장이 주리어 차마 촌보를 더 옮기어 드딜 수 없기에 길가에 있는 어떤 주막집에 들어가 팔베개 베고 하룻밤 지내느라니 그제야 이번 걸음이 너무도 무모하였구나 하는 생각이 났다. 큰 뜻을 이룬다니 한학의 소양밖에 없는 내가 무슨 지식으로 큰 뜻을 이루나? (……)
'에라, 인생이란 무엇인지 그것부터 알고 일하자.' 하는 결론을 얻고 나는 그제는 서울 가던 길을 버리고 강원도 오대산의 백담사에 이름 높은 도사가 있

다는 말을 듣고 산골길을 여러 날 패이어 그곳으로 갔었다.[4]

밤을 새던 중에 문득 느낀 서울행에 관한 의구심. 평자들은 한용운이 어린 시절 읽은 「서상기」에서 인생의 무상을 떠올렸다고 하지만, 더 직접적인 요인은 스스로 배운 게 고리타분한 한학밖에 없다는 현실적인 인식이었다. 무턱대고 서울에 가는 대신 한용운은 "도사"를 찾아가기로 한다.

우리에게 익숙한 한용운의 모습은 스님이다. 스님이라면 당연히 불교의 깨달음에서 자신의 인생을 전환했다고 짐작할 법하다. 하지만 한국사에서만이 아니라 아시아 문명의 역사에서도 돌출되어 있는 인물의 선택을 종교적 결단으로만 설명할 수는 없다.

공간적 맥락에서 볼 때 20세기 초 강원도에는 개화를 향하는 청년을 뒷받침할 역량이 있었다.[5] 근대에 이르러 조선 시대의 중앙 권력으로부터 자

---

4   한용운, 「시베리아를 거쳐 서울로」, 《삼천리》 42호(1933년 9월).
5   김익균, 「강원도의 지역성과 한용운의 수업시대(1903~1909)」, 《한국근대문학연구》 32호(한국근대문학회, 2015), 254~258쪽 참조.

율성을 얻은 지방 사찰들의 새로운 중심이 바로 강원도였다. 오늘날의 '지방 소멸' 현실과는 달리, 당시 지역의 역량은 강원도에서는 특히 불교에 집약되어 있었다. 미국으로 간 안창호, 일본으로 간 최린과 달리 청년 한용운은 강원도로 갔다. 제국으로 유학을 가지 못했지만, 전통 사회를 떠난 한용운을 근대 문명으로 인도해 줄 세력이 강원도에는 있었던 것이다.

강원도 불교의 힘

고향과 가문으로부터 지원을 받을 수 없었던 한용운이 전근대적인 정체성으로부터 분리되는 동시에 신종교로서 불교를 선택한 데에는 근대라는 세계사적 맥락이 있다. 근대는 새로운 제도들이 출현하는 시대다. 종교 집단이나 교육 기관과 같은 새로운 제도들은 개인에게 신념, 규범, 정체성 등을 하나로 묶어서 제공한다. 이러한 2차적 제도는 개인이 너무 많은 선택에 시달리지 않도록 도와준다. 덕분에 현대인은 특별한 생각 없이도 자동으로 행동할 수 있게 된다. 그러나 2차적 제도는 근본적으로 전근대의 제도보다 약하다. 2차적 제도들 역

시 주어지거나 당연시되는 게 아니라 선택된 것이기 때문이다.[6]

한용운이 충남 홍성을 떠난 것이 근대적 개인이 거치게 되는 상징적 사건이라면, 2차적 제도로 '제2의 고향'을 선택하는 일 역시 근대인에게는 피할 수 없는 과정이다. 20세기 초 한국에서 종교는 신앙으로만 한정되지 않는 근대 문명의 힘을 지시하고 있었다. 그런데 한용운 세대가 기독교를 비롯한 신종교를 제2의 고향으로 선택할 때 대개의 경우 자신의 문중이 속한 고향과도 끈끈한 관계를 유지한 데 비해 한용운의 불교 선택은 고향과의 단절을 동반했다.

20세기 초 한국 사회는 지구사적인 변화를 겪고 있었다. 강화도 조약에 따른 개항으로 중앙 권력이 탈중심화되면서 다양한 지역에서 낯선 배와 신무기, 낯선 사람들과 세계관이 뒤섞인 장이 펼쳐졌다. 혼란은 불가피하게 생산으로 이어졌다. 그중에서도 강원도 불교 사찰에서 있었던 근대적 사물들과 청년들의 집결이 바로 청년 시절 한용운을 품은

---

6   피터 버거·안톤 지더벨트, 함규진 옮김, 『의심에 대한 옹호』(산책자, 2010), 32~34쪽.

장이었다.

　강원도에 도달한 젊은 승려들은 신분 질서에 따라, 다시 말해 '흙수저'로 사는 게 당연하다고 생각하지 않는 사람들이 아니었을까? 강원도 불교는 고향에서 뿌리 뽑히고 서울에서 정착하지 못하는 근대적 개인들을 품어 주었다. 근대 전환기의 강원도 불교는 곧 청년들의 플랫폼이었다.[7] 이러한 플랫폼은 120여 년이 지난 지금에 와서 오히려 다시 들여다봐야 할 사회 모델이다. 집과 고향으로부터 놓여나 2차적 제도에 참여했던 청년 주체의 경험은 요즘 1인 가족의 양극화 시대를 헤쳐 나가는 과정에서 종교 공동체와 극우화에 찌들어 가는 청년들의 모습과 닮은 듯 다른 형태를 보여 주지 않는가. 강원도의 인문지리적 경관 속으로 집결한 청년들의 연대는 역사 속에 이미 항상 와 있었으나 기록되지 않았다.[8] 이러한 모델의 가치는 가문의 일원이기를 그친 적 없는 '금수저' 엘리트의 담론 지형에

7　브뤼노 라투르, 이희우 옮김, 「왜 비판은 힘을 잃었는가?: 사실의 문제에서 관심의 문제로」,《문학과사회》2023년 가을호, 303쪽.

8　김민철, 「19세기 무명씨의 삶: 침묵한 '보통 사람'의 흔적을 찾아」,《교차 3호 '전기, 삶에서 글로'》(읻다, 2022).

서는 보이지 않았지만, 바로 이들 가운데서 신학문 교육을 받고 유학 갈 기회를 얻게 되는 청년들이 나왔다. 한용운은 이 뿌리 뽑힌 청년의 이름으로 신문화운동기의 주역이 된다.

님의 침묵의 중핵

세월이 흘러 근대 한국은 일제의 식민지가 되고 한용운은 삼일 운동의 민족대표 중 불교계를 대표하는 명사가 되었다. 『님의 침묵』의 90편의 시는 『조선불교유신론』, 『불교대전』, 『십현담주해』를 집필한 한용운의 한글 시라는 점에서 문명사적인 의미가 있다. 한용운은 동아시아 전통 문명과 서구적 근대 문명, 그리고 한국 인민의 일상어가 마주치는 삼중의 텍스트다.

1925년 초여름 오세암으로 올라간 한용운은 1925년 6월 7일에 『십현담주해』를, 8월 29일 밤에 『님의 침묵』을 탈고했다. 『님의 침묵』은 시작하는 「군말」과 88수에 더해 끝의 「독자에게」까지 90편을 실은 연작 시집이다. 본문을 기승전결 구성으로 파악할 때 「알 수 없어요」는 떠나간 님에 대한 아쉬움과 안타까움, 만류와 함께 왜소한 나에 대한 부정적

인식의 시상을 불러일으키는 기(起)의 자리에 놓인다.[9] 이 시는 이별의 아픔 속에서 감각과 의식이 명징해지는 체험으로부터 '나'를 자각하는 사건의 현장인 셈이다.

바람도 없는 공중에 수직의 파문을 내이며 고요히 떨어지는 오동잎은 누구의 발자취입니까.

지리한 장마 끝에 서풍에 몰려가는 무서운 검은 구름의 터진 틈으로 언뜻언뜻 보이는 푸른 하늘은 누구의 얼굴입니까.

꽃도 없는 깊은 나무에 푸른 이끼를 거처서 옛 탑 위의 고요한 하늘을 스치는 알 수 없는 향기는 누구의 입김입니까.

근원은 알지도 못할 곳에서 나서 돌부리를 울리고 가늘게 흐르는 작은 시내는 굽이굽이 누구의 노래입니까.

연꽃 같은 발꿈치로 가이없는 바다를 밟고, 옥 같은 손으로 끝없는 하늘을 만지면서 떨어지는 날을 곱게 단장하는 저녁놀은 누구의 시입니까.

타고 남은 재가 다시 기름이 됩니다. 그칠 줄을

---

9   김재홍, 『한용운 문학연구』(일지사, 1982), 99~101쪽.

모르고 타는 나의 가슴은 누구의 밤을 지키는 약한 등불입니까.

— 한용운, 「알 수 없어요」

잘 알려져 있다시피 『님의 침묵』에서 '님'이 누구 혹은 무엇인지는 결정되어 있지 않다. 연인이나 부처, 중생, 나라 등 목록은 무한히 펼쳐질 수 있기 때문이다. 여러 대상을 포괄하고 있는 님의 정체를 밝히는 데 집착하기보다 님과의 별리와 재회의 드라마를 좇는 과정에 주목해야 한다는 의견이 차츰 지지를 얻고 있다.[10]

「알 수 없어요」는 님과의 별리가 '나'의 감각과 의식을 명징하게 하고 마침내는 근대적 주체 구성의 사건으로 이어지는 순간에 대한 포착에 바쳐지고 있다. 한용운이 스스로 탯줄을 끊고 뿌리 뽑힌 청년으로서 세계와 감히 마주 서려 하던 그 순간은 눈이 시리도록 아름답고 아프다.

시는 "고요히 떨어지는 오동잎", "푸른 하늘", "알 수 없는 향기", "가늘게 흐르는 작은 시내",

---

10   최동호, 『하나의 도에 이르는 시학』(고려대학교출판부, 1997);
      김종훈, 「한용운의 시 '알 수 없어요'에 나타난 긴장의 양상」,
      《어문논집》70호(민족어문학회, 2014) 등을 참조.

"단장하는 저녁놀" 등의 다양한 자연 현상을 열거하고 "발자취", "얼굴", "입김", "노래", "시"에 비유해 또렷하게 파악하려 한다. 이 대자연의 지평 끝에 단독자가 마주 서 있는 것이 보인다. "그칠 줄을 모르고 타는 나의 가슴"으로 선 뿌리 뽑힌 청년이다.

전통적 형이상학의 세계는 단적으로 말해 천인합일(天人合一)의 세계다.[11] 청년 한유천에게는 이 당연한 세계가 파괴되었다. 그것이 님의 '침묵'의 중핵을 이루는 사건이다. 고향을 잃고 전통적 형이상학이 파괴된 세계[12]를 마주한 한용운은 더 이상 어느 것도 자명하지 않게 된 그 순간을 영원

---

11 동아시아의 전통에 따르면 성선론을 바탕으로 한 천인합일 사상이 불교의 진여연기론과 결합하여 동아시아의 체용불이 사상을 형성하게 된다. 김제란, 「한·중 근현대불교의 서양철학 수용과 비판」, 《선문화연구》 31호(한국불교선리연구원, 2021).

12 『조선불교유신론』(1913)에서 한용운은 "주자의 명덕설"이 "자유로운 진정한 자아와 부자유스러운 현상적 자아의 구분에 있어서 한계가 명료치 않았으니, 이것이 칸트에 비겨 미흡한 점이다."라고 논했다. 한용운, 『한용운 전집 2』(신구문화사, 1980), 40쪽. 『조선불교유신론』이 동아시아의 전통 형이상학을 해체하는 과정에서 근대적 주체를 구상하고 있다는 점은 다음을 참조. 김종인, 『한용운과 근대성』(고려대학교 민족문화연구원, 2020); 이도흠, 「조선불교유신론에서 근대적 세계관 읽기」, 《불교평론》 16호(2003).

한 현재의 시간으로 펼쳐 놓고 있는 것이다.

시에서 '나'는 누구인가

「알 수 없어요」를 읽을 때 독자에게 첫 번째로 드는 인상은 화자가 자연 속 익숙한 것들에 계속해서 의문을 던지고 있다는 점이다. 많은 학자와 비평가들은 여기에서 자연이 바로 '님'이라고 보고, "화자의 확신을 독자 일반의 것으로 다짐하는 방법으로 설의법의 구문"은[13] "깨달은 사람"만이 쓸 수 있는 "명상과 지혜의 시편"[14]이자 "법신의 현현"[15]의 표현이라고 규정한다. 이런 해석은 시적 화자를 깨달은 사람 즉 역사적 위인 한용운으로 전제한 데서 자연스럽게 따라나오는 듯하다.[16]

하지만 우리는 「알 수 없어요」의 경이에 다가가기 위해 시 읽는 방법을 다시 배워 보자. 이 시에서 '나'는 누구인가?

시에서 대부분의 화자는 일인칭 화자인 '나'다.

---

13   신동욱 외 편, 『한용운 연구』(새문사, 1982), 10쪽.

14   유종호, 『한국근대시사』(민음사, 2011), 115쪽.

15   송욱, 『님의 침묵 전편 해설』(일조각, 1974), 32쪽.

16   김용옥, 『만해 한용운, 도올이 부른다』(통나무, 2024), 317쪽.

그런데 시의 화자 '나'는 특별한 경우가 아니라면 명확한 신분이나 이름과 같은 정체성을 지니고 있지 않으며, 구체적인 시공간적 배경으로부터 이탈해 있어서 독자는 그의 정체성이나 그가 처한 상황을 특정하기 어렵다. 시의 화자는 "모든 사람이 접근할 수 있는 추상적이고 일반화된 자아"[17]로 다룰 수밖에 없는 것이다. 이런 화자의 모호성 덕분에 시를 읽을 때 독자는 자신의 특수한 개성과 무관하게 순식간에 시 속의 '나'가 될 수 있다. 독자가 누구이든지 시적 체험 속으로 들어오는 순간 시 속에 마련된 상황을 승인하고, 또 거기에 주어진 역할을 떠맡는 주체가 되기 마련이다. 그래서 "시에서의 자아는 그 시 저자의 사유물이 아니라 그 시 독자들과의 공유물"[18]이라는 단언도 가능하다.

　　시에 구현된 '나'는 시적 대상에 투사되어 독자를 끌어들이는, 그리하여 나와 대상과 독자를 동일화하고 시인과 독자를 연결해 주는 장치다. 화자는 시에 직접 표출되거나 생략된 '나'라는 시적 주체다. 다시 말해 시를 효과적으로 전달하기 위해 도입

17　하인츠 슐라퍼, 변학수 옮김, 『신들의 모국어』(경북대학교출판부, 2014), 139쪽.

18　앞의 책, 140쪽.

된 '말하는 사람'이다.

　시인은 시의 메시지에 적합한 화자를 선택하거나 발명해 그 화자의 눈과 입을 통해 세계를 다채롭게 형상화한다. 그리하여 화자는 시에 적합한 성별과 개성, 상황과 태도, 시선과 입장에 어울리는 목소리로 전면화되며, 시에 대한 독자의 태도에 영향을 미친다. 따라서 화자에 대한 이해는 시의 의미는 물론 창작 의도와 시적 효과를 이해하는 첫걸음이다. 독자는 '화자가 되어' 시를 읽거나, 화자의 목소리에 부합하는 '청자가 되어' 시를 읽기 때문이다. 백정더러 "이놈 개똥아" 하고 부르자 고기를 던져주고, "이보시오 양반" 하고 부르자 고기를 잘 싸서 건네주었다는 옛이야기에서 보는 것과 같은 의사소통 상황이다.

　보통의 소통과 달리 실제 시인과 화자는 일치하지 않는다. 아주 근접한다 하더라도 완전한 일치는 불가능하다. 그래서 실제 시인과 화자 사이에는 내포 시인이 있는 것이다. 내포 시인은 독자가 시 텍스트를 읽으면서 상상 혹은 유추를 통해 형성하는 가상적 생산 주체다. 독자는 시를 읽을 때 화자와 내포 시인, 실제 시인의 관계에 주의해야 한다.

　「알 수 없어요」에서 독자가 상상하고 유추하는

내포 시인은 어떤 모습인가? 우선 실제 시인에 대한 정보들이 간섭해 오는 경우 역사적이고 경험적인 자아 한용운이 바로 떠오를 수 있다. 이번에는 앞에서 살펴보았듯 충청도 집을 떠난 시골 청년을 떠올려 보자. 폭포수처럼 쏟아지는 질문들 앞에서 무방비하게 서 있는 청년이 보일 것이다. 1행에서 5행까지 시를 읽는 내내 시의 화자는 생략되어 있지만 청자의 역할을 맡은 독자는 시적 상상력을 발휘하며 화자의 형상을 예민하게 그려 볼 수 있다.

마지막 6행 "그칠 줄을 모르고 타는 나의 가슴"에 와서 화자는 일인칭 '나'로 모습을 드러낸다. '나'는 그동안 쏟아지는 질문을 감당해 내느라 "타고 남은 재"가 되었지만, 그 질문의 힘으로 "다시 기름"이 되어 이 세계의 밤을 밝히는 사명을 짊어진다.

타고 남은 재가 다시

시의 화자는 독자의 독서 체험으로부터 구성되는 것이라고 할 때 선험적으로 실제 시인의 형상을 단정하는 것은 경솔한 태도다. 상식에 대해 다시 묻는 것은 기존 질서를 벗어나 자기를 확립하는 영원한 과정이라고 할 수 있다. 『님의 침묵』이 출간된 지 100년이 지났지만 시인의 말은 이렇게 생생하게 울리고 있다. "타고 남은 재가 다시 기름이 됩니다."

모든 독서 행위에서 독자는 하나의 텍스트를 읽으면서 자신의 상황을 또 하나의 텍스트로 삼는다. 지금, 여기 독자의 상황이라는 콘텍스트에 의해「알 수 없어요」를 다시 읽어 보자. 근대 전환기 한국의 지성 한용운의 경험세계를 새롭게 구성할 가능성은 독자에게 있다. 21세기의 새로운 혼돈을 마주한 "나의 가슴"에 의해 타고 남은 재가 "다시" 기름이 될 수 있을까?

산다는 일은 생활세계를 텍스트화하는 과정에 다름 아니다. 현실에 플롯을 부여하는 능동적인 행위를 통해 간신히 현실은 이해할 수 있는 것이 된다. 그런 의미에서 책을 읽는 일은 그저 현실을 텍스트로 대체하는 것이 아니라 현실이라는 텍스트에 대한 기존의 이해를 부단히 복수화하는 생산적인 작업이라고 할 수 있다. 생활세계는 독서 활동을 통해 보충되어야 무너지지 않는다.

「알 수 없어요」를 읽는 일은 한편으로 허구가 현실에 의해, 다른 한편으로 현실이 허구에 의해 보충되는 상호작용의 행위로 부단히 다시 요청되고 있다. 이 글을 쓰면서 나는 어릴 적 누나가 '남자아이들이 한용운 시를 좋아하더라'고 한 것을 기억해 냈다. 누나의 말은 흔히 일컫는 한용운의 '여성적 어조'가 그 이면에서 "타자로서의 여성성을 활용해 온 가부장적 문화의 무의식적 기제"[19]와 무관하지 않다는 점을 일깨워 줬다.

한용운 시에 두드러진 여성적 어조가 가부장적 역사의 문화적 무의식과 결부되어 있다고 할 때 「알 수 없어요」는 젠더의 경계선[20]에서 사이 공간을 열어 보여 준다. 타자의 목소리가 곧 여성의 목소리라는 단일한 상징계가 해체되고 있는 지금 그 목소리는 숱한 타자에 의해 다시 변용될 수 있지 않을까? 무엇보다 시인과 독자는 공통의 위기 속에서

19   서지영, 「근대시의 서정성과 여성성: 1920년대 초기 시를 중심으로」, 《한국근대문학연구》 7권 1호(2006), 57~58쪽. 서정시의 전통에서 여성은 화자의 이미지로 빈번하게 등장하는데 이때 여성성은 "남성으로서의 시적 자아에게 근본적인 것이 무엇인지를 분명하게 할 수 있는 매개체"의 역할을 맡는다.

20   "시는 우주적이어야만 한다. 그것은 물론 비-여성을 의미한다."라는 언명에서 보듯이 인간 보편의 추구와 우주의 존재론적·비밀을 노래했던 서정시의 젠더를 참조할 수 있다. C. 호제크·P. 파커 편, 윤호병 옮김, 『서정시의 이론과 비평』(현대미학사, 2003) 참조.

청년의 감성에 오염될 수 있을 것이다.

새로운 세대가 기성세대보다 위기에 더 예민한 것은 당연하다. 젊어서가 아니라, 그것이 세상에서 겪는 첫 번째 결정적인 경험이기 때문이다. 평자들이 그저 청년 문제라고 쉽게 말하는 그것은 젊은이들의 피와 살에 침투되어 있으며 미래는 "현재 땅에 파묻혀 있지만 째깍거리고 있는 시한폭탄과 같다."[21] 내가 그러한 시한폭탄의 초침 소리를 들었던 나이를 몇 해 전 수능을 치른 조카나 그 동생들에게서, 때로는 스마트폰을 통해 전해 오는 흉흉한 소문들에서 다시 대면하게 된다. 그것을 문제라고 말하기보다 나 역시 그 위기의 일부가 되어 120년 전 충청도 시골집을 나서는 한 청년의 길 떠남을 응원하고 싶다.

21 Stephen Spender, *The year of the Young Rebels*(New York, 1969), p.179: 한나 아렌트, 김선욱 옮김, 『공화국의 위기』(한길사, 2022), 167쪽 참조.

2장

해방의 기쁨
─ 서정주, 「추천사」

대학원 수업에서 서정주를 읽는다. 학생들의 반응은 다양한데 문학사에서 인정하는 시적 성취와 친일이라는 낙인 사이에서 '중립'을 택한다는 점에서는 일관된 측면이 있다. 나는 문학사의 좁은 틈바구니를 벗어나 시와 시인을 둘러싼 담론을 포괄적으로 전달하려 노력하지만 시가 주는 감동과 시인의 행적을 넘어서는 판단을 요구하지는 않는다.

수업 시간에 지식의 전달이라는 틀을 넘어서는 것은 항상 쉬운 일이 아니었다. 대학생 시절 '김남주도 읽고 서정주도 읽을 수 있어야 하지 않느냐'고 했다가 386 선배에게 불호령을 들은 적이 있는 나로서는 그런 선배가 되고 싶지 않은 마음도 있다. 그렇다고 해서 '그냥 시를 읽고 스스로 판단해 봐'

라는 말이 무책임하다는 걸 모르지는 않는다. 시를 읽고 나서 "시는 좋지만······"이라고 말하는 독자는 물론이고, 시 자체를 읽지 않으려 하는 잠재적 독자에게도 서정주의 시가 온전히 향유될 수 있기를 바라고 있다. 서정주의 삶과 시가 독자에게 존재 전환의 한 계기가 될 수 있다고 생각하기 때문이다. 이는 김남주에서 서정주로 나아갔던 내 청춘의 시 읽기를 내기물로 거는 일이기도 하다.

신세대 서정주

1915년 전북 고창에서 태어난 서정주는 1930년대 신세대의 일원이다.

근대 초기 한국문학을 연 성좌에 한용운의 『님의 침묵』(1926)과 김소월의 『진달래꽃』(1925), 정지용의 『정지용 시집』(1935)과 김영랑의 『영랑 시집』(1935)이 자리한다면, 이런 기념비적인 작업 이후 출현한 일군의 청년들은 1930년대 신세대로 호명되었다. 최초의 근대 실험시('신체시')인 「해에게서 소년에게」를 쓴 최남선보다 연상인 한용운을 논외로 한다면, 동인지 세대를 딛고 선 1902~1903년생 김소월, 정지용, 김영랑은 한국문학장의 입법자다. 이들보다 10년가량 뒤에 나온 신세대는 한국문학장의 하위 동반자로 서게 된다.

문학장의 입법자 세대가 스스로 동인지를 만들어 한국문학의 길을 열었다면 신세대들은 이 거룩한 선배들에게서 심사를 받음으로써 그 대열에 낄 수 있었다. 신춘문예 제도가 여기서 비롯되었다. 서정주가 대표하는 이 신세대들은 늦게 도착했을 뿐만 아니라 학력 자본도 부족했고 사회적 지위도 낮았다. 김소월, 정지용, 김영랑이 일본 유학을 가던 시절은 근대적 교육을 받은 사람 자체가 귀했다면 신세대들은 상대적으로 확장된 중등교육의 혜택을 향수한 대중의 얼굴을 하고 있었다.[1]

1920년대 사회경제는 식민지 지주제로 재편되면서 기존의 농가경제가 위기에 빠졌다. 청년들은 농촌에서의 삶의 양식을 전망으로 삼기 어려워

---

[1] 1912년의 인문중등교육기관 취학률은 남성의 0.1%이고 여성은 0%다. 남성 0.1% 중에서 또 극소수가 일본 유학파였다. 서정주가 중앙고등보통학교에 입학한 1930년의 경우 여성은 0.6%, 남성은 1.1%로 인문중등교육기관 취학률이 열 배 이상 증가했음을 확인할 수 있다. 문제는 일제의 우민화 교육정책으로 인해 일제 시대 내내 이 비율은 의미 있는 개선을 보여 주지 않았다는 점이다. 강명숙 외, 『식민지 교육연구의 다변화』(교육과학사, 2011), 89~91쪽 참조.

졌다. 일제 시대 전 기간 동안 보통학교 졸업자들의 대다수는 가사종사자로 시종했으며 근대적 직종인 관공서, 은행, 회사, 교원으로 진출한 비중은 10% 미만이었다.[2] 따라서 중등교육에 대한 대중들의 갈망은 생존을 위한 발버둥으로 이어져 다수의 고학생을 양산한다. 1925년경 일제 강점기 수도인 경성 내 고학생 수는 이미 2000명 수준이었으며 고학의 동기를 대변하는 사회적 통용어는 '성공'이었다.[3]

이런 고학생 시대에 서정주 또한 중등교육의 중퇴자였다. 서정주는 1930년 광주학생사건 1주년 시위 주동으로 체포되어 퇴학당하고 만다. 이후 박한영 선사의 도움으로 중앙불교전문학교에 들어가게 되지만, 이는 정식 입학생이 들어가는 본과가 아니라 자격 요건이 안 되는 스님들을 배려한 선과(특과)였고 그마저도 서정주는 한 학기를 이수하는 데 그쳤다. 후에 서정주는 자신이 시계 도둑으로 오인받아서 더는 수업을 들으러 갈 수 없었다고 털어놓는다. 이유야 무엇이 되었든 중등학교 졸업장

2   위의 책, 118쪽.
3   「고학의 로(路)」, 《개벽》 1921년 12월호, 92쪽.

이 없는 선과생이 전문학교 정식 졸업장을 취득하려면 전 과정을 수료한 후 별도의 시험까지 통과해야 했던 것이었으니 쓸 만한 졸업장을 취득하는 데는 또 한 번 실패하고 만 것이다.

신춘문예에 당선한 이후 서정주는 조선의 비용이라는 칭호를 얻게 된다. 프랑수아 비용은 유럽 중세 말기 전설적인 '도둑 시인'이었다. 이는 시계 도둑으로 취급당해 학업을 포기했다는 그의 과잉된 자의식과 연동하며, 1930년대 신세대가 차지하는 문학장에서의 위상과도 무관하지 않았다.

청년 시절 서정주의 시는 고통받는 생명의 몸부림 속에 언뜻언뜻 비치는 아름다움을 드러내 보이고 있었다. 「문둥이」, 「화사」, 「자화상」 등은 비천한 신분으로 대표되는 소수자성을 중핵으로 한다. "애비는 종이었다"라는 도발적 선언과 "헐떡거리는" "병든 수캐", "꽃보다 붉은 우름"을 우는 문둥이, "아름다운 배암"으로 자신을 드러냈던 서정주는 당시까지 한국 사회에 남아 있던 신분제의 유습을 몸소 겪은 시인이다.

서정주는 일제 시대 내내 취직 걱정에 시달려야 했다. 스물다섯에 만주국으로 건너가 천신만고 끝에 만주양곡주식회사에 취직하기도 한다. 「만주일기」 연재에는 "취직이고 무엇이고 다아거줏말이다 아무도 나를그러케식혀주지 안는 것이다."라는 구직 과정의 좌절감이나, 취직이 되자 "삼년만 인고단련하면 가봉이 구할에 상여금이 육십할입니다"라며 들뜬 모습이 보인다.[4] 하지만 오래 버티지 못한다. 당시 만주에서 낙향한 사정에 대해 서정주는 일본인 상사의 직장 내 괴롭힘 때문이었다고 털어놓은 적이 있다. 청년 시인에게는 시가 써지지 않는 것이 제일 견디기 힘든 고통이었을 것이라는 추측[5]은 밥벌이의 괴로움 속에서 절반의 진실에 가닿은 것 같다.

서정주 다시 읽기

그리고 해방이 되었다. 이때도 서정주는 여지없이 여러 직장을 전전하는데 1948년 8월 15일 대한민국 단독정부 수립을 계기로 문교부 초대 예술과장을 거치게 된다. 1년 남짓의 관료 생활은 섬약한 시인에게 노이로제만 안기고 말았다. 관료 노

---

4   서정주, 「만주일기」, 《매일신보》 1941년 1월 15일 자.
5   최현식, 『서정주라는 문학적 사건』(도서출판b, 2024), 150쪽.

릇을 때려치우고 서정주는 한국의 명시들을 고르고 골라 『현대조선명시선』(1950)과 『작고시인선』(1950)을 내놓는 데 전념할 수 있었다.

총 99편의 『현대조선명시선』에는 최남선의 「해에게서 소년에게」부터 청록파에 이르는 현대시인 40인의 대표시 각 1~5편이 수록되어 있다. 시선집으로는 최초로 이상화의 「빼앗긴 들에도 봄은 오는가」, 김소월의 「산유화」·「초혼」을 발굴하여 수록한 것이 서정주의 공로가 되었다. 『현대조선명시선』은 해방 이후 새로운 시 개념을 확립하고 대중화했으며 좌익이 사라진 문단에서 민족문학 진영의 존재 의미와 권위를 창출했다고 평가된다.[6]

『현대조선명시선』에 수록된 서정주의 자작시 세 편 「부활」, 「추천사」, 「국화옆에서」는 해방 이후 전개된 서정주 시 세계의 방향성을 해명하는 열쇠다. 특히 「추천사」는 『화사집』에서 건져 낸 「부활」이나 기성세대를 대표하는 '누님'의 실존을 사건화한 「국화옆에서」를 넘어서는 사랑을 받아 왔다. 「국화옆에서」는 서정주를 대표하는 그만큼 비판의 표

---

6   근대시의 정전화 작업의 정치성에 대해서는 다음을 참조. 심선옥, 「해방기 시의 정전화 양상: 『시집』과 『현대조선명시선』을 중심으로」, 《현대문학의 연구》 40호(2010).

적이 되어 온 것이 사실이다. 가장 영향력 있는 비판에 의하면 「국화옆에서」는 한국 시 전체의 실패에 대한 책임까지 짊어져야 했다.[7]

서정주에 대해 평단의 한쪽에서는 초월과 체념의 태도를, 다른 한쪽에서는 친일과 권력 유착적 행보를 비판해 왔다. 서정주는 현실에 대한 저항을 수행하지 않을 뿐 아니라 그 점에 대한 부끄러움을 표하기를 거부해 왔기 때문에 당대의 지식인들, 특히 젊은 엘리트들의 분노를 샀던 것이 사실이다. 하지만 시를 읽을 때는 시인의 문제만큼이나 독자의 능동적 읽기가 중요하다는 점을 환기할 필요가 있다. 시인은 기껏해야 자신의 삶의 이야기의 공동 저자일 뿐이지 않은가.

서정주는 평생을 무릎 꿇고 살았지만 또한 시대와의 불화 속에서 자신의 시 세계를 온전히 건사해 낸 시인이다. 리쾨르는 의미론 차원을 넘어 현실 속에 존재하려는 인간의 욕망을 잠을 수 있기 위해서는 삶이 담긴 문서이자 겹뜻을 지닌 언어인 시를 풀어내는 작업에 나서야 한다고 한다. 이는 반드시

---

7   김우창, 「한국시의 형이상: 하나의 관점, 최남선에서 서정주까지」, 《세대》 1968년 7월호.

자기 이해를 위한 반성의 2단계를 거치게 된다. 우리는 먼저 의식으로 문서를 풀 때 허위의식이 일으키는 잘못된 풀이에 부딪힌 다음, 잘못된 이해를 바로잡는 비판을 통해 비로소 이해에 도달한다.[8] 그런 점에서 서정주의 삶과 시는 비판과 이해의 과정을 통해 다채롭게 읽을 수 있는 텍스트이며, 이러한 이해를 통해서 독자는 바로 자신의 존재 전환을 체험하게 되는 것이다.

존재 전환의 텍스트

서정주는 머나먼 타향 만주에서 채록한 '버림받은 여인'의 구전설화를 20여 년 동안 문학 수업에서 되새김질했다. 그것은 마침내 「신부」(1972)로 형상화된다. 자기가 태어난 땅에서 문둥이, 뱀, 종의 아들임을 고백해 온 시인은 부단히 거듭된 떠돌이의 삶 속에서 접한 버림받은 여인 이야기로부터 존재 전환의 사건을 맞아들인 것이다.

돌이켜 보면 서정주의 시는 젊은 날의 문둥이,

---

8   폴 리쾨르, 양명수 옮김, 『해석의 갈등』(한길사, 2012), 43~
     47쪽.

수캐, 뱀에서 성숙기의 신부, 춘향(그리고 후일의 옹녀까지)으로 나아가는 존재 전환의 드라마로 보인다. 전자가 어둡고 자의식적인 고통의 이미지라면, 후자는 환희에서 무에 이르기까지 폭넓은 형상으로 착실히 해방을 향해 나아가는 이미지다. 「춘향유문」에서 춘향은 변신의 역량을 통해서 죽어서 하늘의 구름이 되고 다시 비가 되어 사랑하는 이도령 곁으로 돌아오기를 기원한다. 「신부」에 이르면 성질 급한 서방에게 소박맞는 가부장제의 희생자인 '신부'가 더 긴 시간 속에서 "초록 재와 다홍재"가 되어 서방의 뒤늦은 참회조차 물리치고 스스로 해방되기에 이른다. 이는 시인 서정주가 직업이 불안정하고 시대가 궁핍한 방랑기를 지나 자기 몸을 스스로 돌보는 방법을 깨닫게 되는 것과 나란히 놓인다. 비록 몇 년 뒤 최대의 비극인 한국전쟁이 닥치지만, 짧은 해방기에 춘향으로 대표되는 젊은 여성의 말이 해방의 기쁨 속에서 절정의 노래로 울려 퍼진 것은 그 자체로 「추천사」의 사건이다.

　서정주의 일련의 춘향 연작[9]은 해방기에 내놓

9　「춘향옥중가: 이몽룡씨에게」(《대조》 1947년 5월); 「추천사: 춘향의 말 1」(《문화》 1947년 10월); 「춘향옥중가 3」(《대조》 1947년 11월), 「춘향유문: 이몽룡에게」(《민성》 1948년 5월); 「다시

은 기쁨에 들뜬 텍스트다. 「춘향유문」에서 춘향은 마침내 구름이 되고 비가 되어 자신의 사랑의 곁으로 언제고 돌아올 수 있는 역량을 길러 낸다. 그리고 「추천사」는 대한민국의 해방이자 자신의 소수자성으로부터의 해방의 노래다. '추천(鞦韆)'이 그네를 뜻하는 한자말이고 '사(詞)'는 노래라는 뜻이니 해방의 기쁨을 누리는 그네 노래라고 할 수 있다. 1947년 《문화》에 처음 발표된 이 시에는 '춘향의 말 1'이라는 부제가 붙어 있다. 해방을 맞아 터져 나오는 춘향의 첫 일성을 들어 보자.

> 향단아 그네줄을 밀어라.
> 머언 바다로
> 배를 내어 밀듯이
> 향단아.
>
> 이, 다수굿이 흔들리는 수양버들나무와 벼갯모에 뇌인듯한 풀꽃뎀이로부터
>   자잘한 나비새끼 꾀꼬리들로부터, 아조 내어 밀듯이, 향단아.

밝은 날에: 춘향의 말 2」(발표지 미상).

산호도 섬도 없는 저 하늘로
나를 밀어 올려 다오.
채색한 구름 같이 나를 밀어 올려다오.
이 울렁이는 가슴을
밀어 올려 다오!

향단아.

몸짓도, 발굴음도 없는
西으로 가는 달 같이는
나는 갈 수가 없다.

바람이 파도를 밀어 올리듯이
소리나게!
나를 밀어 올려 다오.
                        —서정주, 「추천사: 춘향의 말 1」

　「추천사」는 춘향 서사에서 파생된 시다. 춘향
과 향단이가 단옷날 그네를 타러 나오고 이몽룡이
그곳에서 그네 노래의 사건에 매혹된다. 그 이후 벌
어질 연애비사는 다양한 버전으로 알려져 있지만
이몽룡을 매혹시킨 바로 그 순간의 진실에 다가가

기 위해서는 오로지 「추천사」를 읽어야 할 것이다.

춘향은 그네를 타는 주체이면서 향단이라는 타인과 관계하는 연행(performance)의 중심에 선다. 이 점에서 「추천사」는 시적 화자가 곧 시인으로 읽히는 독해에서 벗어난다. 엘리엇에 따르면 시에는 적어도 세 가지 목소리가 반향한다. 제1의 목소리는 일인칭 화자의 독백조, 제2의 목소리는 일인칭 화자의 연설조, 제3의 목소리는 시인과 전혀 닮지 않은 특정한 등장인물의 다양한 어조다.[10] 이를 화자의 문제와 연결시키면 제1의 목소리는 자신에게 혼잣말을 하는 독백적 화자, 제2의 목소리는 청자를 인식하고 있는 대타적 화자, 제3의 목소리는 등장인물, 퍼소나(persona), 극적 화자 등으로 부를 수 있다. 「추천사」에서 '나'의 목소리는 표면적으로는 제3의 목소리이다. 하지만 그 목소리는 한국인이라면 누구나 감정 이입이 가능한 춘향의 것이라는 점에서 제1의 목소리 혹은 제2의 목소리로서 시인을 초과해 독자 자신으로 물들고 있다.

시라는 텍스트는 저자의 의도와 독자의 기대

10   T. S. 엘리엇, 이창배 옮김, 「시의 세 가지 목소리」, 『T. S. 엘리엇 문학비평』(동국대학교출판부, 1999) 참조.

에 의해 전적으로 규정되지 않으며 그것을 비껴가는 다른 사유와 행위를 가능하게 한다.[11] 시의 목소리는 시인과 독자의 역사적 시간을 가로지르면서 적어도 세 가지 목소리의 다성적 울림으로 우리를 이끈다. 그 울림에 지금 여기 우리가 놓여 있는 이 현실에서 합일할 수 있다면 시의 독자는 자기로부터 해방되어 존재의 사건에 참여할 수 있는 것이다.

「추천사」의 원작과 개작

해방기에 발표된 「추천사」의 원작은 『서정주시선』(1956)에 실린 개작과는 의미심장한 차이를 보이고 있다. 1947년 원작은 잘 알려진 개작보다 한 연이 많은 6연 구성이다. 특히 주목되는 점은 개작의 4연 "서으로 가는 달같이는/ 나는 갈 수가 없다"에 해당하는 원작의 5연에 1행이 추가되어 있다는 사실이다.

이 유명한 시구의 원형은 "몸짓도, 발굴음도 없는/ 서으로 가는 달같이는/ 나는 갈 수가 없다"였다. 여기에는 '몸짓과 발 구름이 없는 달'과 '몸짓

11 한나 아렌트, 김선욱 옮김, 『칸트의 정치철학』,(한길사, 2023).

과 발 구름을 가진 춘향'의 확연한 대비가 드러난다. 그네를 타고 솟구치는 춘향과 그 곁을 가는 유현한 달이 대비되는 이미지인 것이다. 솟아오르는 춘향의 몸짓, 해방된 세상을 맞이한 여성의 몸에서 폭발하는 디오니소스적 도취는 이후 수립된 세계적인 냉전 체제 속에서 한국 사회의 민족주의적이며 남성 중심적인 이데올로기의 베일에 가려지게 된다.

1960년대 제도로서의 문학은 해석의 정합성에 맞추기 위해서 「추천사」를 왜곡했다.[12] 신비평을 앞세운 김종길은 어의(語義), 운율, 형상, 어조라는 시의 네 요소를 확정하고, 그 요소들이 유기적인 통일체로 총체적으로 운용되면서 복잡한 의미의 구조를 드러낼 때 좋은 시가 된다고 주장한다.[13] 이때 「추천사」의 어의는 김종길의 해석적 직관에 의해 '춘향의 사랑의 괴로움=인간으로서의 운명'

---

12 한국 현대문학이 대학교육과 중등교육에 포함되면서 영미 신비평이 도입된 과정에 관해서는 김익균, 『서정주의 신라정신 또는 릴케 현상』(소명출판, 2019) 2부 참조. 한편 「추천사」에서 "간단하게 처리할 수 없는 생명"과 "풍부한 정서와 육체성"을 앞서 읽었던 전후 세대의 비평으로는 송욱, 「서정주론」, 《문예》 1953년 10월 참조.

13 김종길, 「의미와 음악: 분석적 시론」, 《사상계》 1966년 3월.

이라고 선언된다. 이 어의에 부합하기 위해서는 이 도령을 만나기 전 춘향이 단옷날 그네 놀이를 하고 있었다는 서사는 지워야 했다. 대신 '상징의 그네'라는 형이상학적 족쇄가 동원되며, 그러고도 가려지지 않는 춘향의 기쁨에는 '역설적 애착'이라는 예이츠 시 「비잔티움의 항해」에 대한 해석을 접붙여 마침내 자신이 상정한 어의에 종속시킬 수 있었다.

춘향의 사랑의 괴로움이 곧 인간으로서의 운명이라는 「추천사」 해석은 서정주라는 개인과 담론적 실체로서의 시 어느 쪽에도 충실하지 않다. 이러한 해석은 오히려 1960년대에 형성된 엘리트 지식인의 자기 이해에 더 부합하는 것인지도 모른다. 식민지 시기를 지나 대한민국이라는 국민국가와 함께 재형성된 문학장에서 1950년대 확립된 모더니즘시의 가치 중립적 세계와 4·19와 5·16을 거친 1960년대 엘리트는 허무 의식으로 연루되어 있다고 봐야 할 것이다.[14]

한편 「추천사」에 시인의 친일과 독재 찬양을 겹쳐 '현실 초월의 실패'를 보는 것은 지나치게 시

---

14   김윤식, 「해방에서 60년대까지의 시사」, 『한국 현대시 연구』(민음사, 1989); 김윤식, 『한국 현대 문학사』(일지사, 1976) 참조.

를 개인의 문제로 낭만화하는 것일 뿐만 아니라 국가 폭력의 문제를 구조적 차원에서 볼 수 없게 한다. 우리가 시를 읽는 것은 자기 자신을 구원하기 위해서일 뿐만 아니라 사법적 판단과는 다른 차원의 사유와 행위를 실천하기 위해서이기도 하다.

서정주 시는 역사적 트라우마의 기억 이야기하기가 갖는 의미를 사유하게 한다.[15] 기억이란 원래의 기억과 분리되어 당사자가 통제할 수 없는 상이한 효과를 산출하며 또 상이한 목적들을 위해 활용될 수 있다. 트라우마는 실체화할 수 없으며 실체가 되자마자 그것을 해체하는 행위인 이야기하기에 의해 부단히 생성된다. 부단히 다시 시작되어야 할 행위를 위해서라면 서정주의 시는 미학의 대상인 예술작품을 넘어서 상호 텍스트성을 본질로 하는 텍스트로 이해될 필요가 있는 것이다. 이는 서정주의 친일과 독재 찬양 행적이 현실 도피의 시 세계와 무관하지 않다는 사후적인 해석[16]이 담고

---

15 프리모 레비, 이소영 옮김, 『가라앉은 자와 구조된 자』(돌베개, 2014), 353쪽.

16 최두석, 「서정주론」, 조연현 외, 『미당연구』(민음사, 1994). 임우기, 「미당 시에 대하여」, 『그늘에 대하여』(강, 1996); 고은, 「미당담론」, 《창작과비평》 2001년 12월; 김명인, 「'서정주 신화' 심각하다」, 《동아일보》 2001년 5월 30일 자.

있는 '서정주 혐오'를 딛고 역사적 이해로 가는 길이다.

한나 아렌트에 따르면 이야기하기가 진리에 의해 억압될 때 전체주의가 태동한다.[17] 이야기하기는 과거를 현재의 경험으로 되살리는 '회억'과도 같이, 과거의 한 순간이 역사적 연속체에서 떨어져 나와 현재와 만나는 것을 가리킨다.[18] 과거가 종결되었다고 인식하는 '회상'과 달리 이야기하기와 회억은 타자들의 현존과 공동체로 나아갈 수 있는 행위에 참여하면서 진실을 지향한다. 우리에게 반복적으로 되돌아오는 역사적 트라우마를 다르게 반복할 수 있는 하나의 가능성은 오히려 춘향의 몸짓과 발굴음 그 자체에서 나오지 않을까? 춘향의 몸짓과 발굴음은 현실에의 고착과 초월을 가로지르며 실존한다.[19]

17 사이먼 스위프트, 이부순 옮김, 『스토리텔링 한나 아렌트』(앨피, 2016), 193~211쪽 참조.
18 김남시, 「과거를 어떻게 (대)할 것인가: 발터 벤야민의 회억 개념」,《안과밖》37호(영미문학연구회, 2014), 250~251, 267쪽.
19 전예완, 「니체의 비극의 탄생에 대한 재고찰: '디오니소스'의 형이상학적 의미를 중심으로」,《미학》47집(2006) 참조.

기쁨의 형이상학

그런데 "몸짓도, 발굴음도 없는"이라는 시구가 개작에서 생략되었다는 것은 사후적으로 해방의 몸짓이 포기되었음을 의미하는가? 그렇지는 않을 것이다. 「추천사」라는 유기적 전체가 곧 그네 타는 여성의 몸짓과 발굴음을 체현한 말(노래)이지 않은가.

우리가 주목할 지점은 원작의 5연 "몸짓도, 발굴음도 없는/ 서으로 가는 달같이는/ 나는 갈 수가 없다"에 이르러 「추천사」 전체에서 유일하게 '나'가 주어로 쓰이고 있다는 점이다. 개작의 4연("서으로 가는 달같이는/ 나는 갈 수가 없다")이 손쉽게 화자의 체념으로 오해되어 온 것은 "몸짓도, 발굴음도 없는"이라는 수식이 지워졌기 때문만은 아닐 것이다. 원작의 5연과 개작 4연은 모두 삼인칭 극적 화자를 초과하는 '나'(춘향, 실제 시인, 텅 빈 주체 등)를 호명하는 특징이 있다. 서정시의 전통에서 '나'는 시의 세 가지 목소리를 동시에 소환하는 강력한 장치가 된다. 그렇다면 이 대목에 이르러 우리는 시적 화자=시인이라는 도식으로 돌아가야 하는 것일까? 이러한 읽기는 해방의 노래로 「추천사」 읽기를 배반하는 것 아닐까?

나는 이 시구를 메타언어적 기능으로 다시 읽어 보고자 한다. 메타언어적 기능이란 번역 기능으로도 일컬어지는데 약호집, 사전, 용어집, 용법 설명 등에서 보듯 언어 자체를 다시 설명하는 기능이다. 우리는 번역문에서 원문에 없는 내용을 역자가 최대한 풀어서 설명하고 있는 경우를 적잖이 볼 수 있다. 이러한 첨언을 언어의 메타언어적 기능에 따라 번역·주해된 부분이라고 규정할 수 있다.[20]

원작의 5연 1행을 빗금 친 개작 4연 '몸짓도, 발굴음도 없는/ 서으로 가는 달같이는/ 나는 갈 수가 없다'를 이 시 전체에 대한 메타언어적 기능으로 이해해 보자. 흔히 이 문제적인 시구는 감정표시 기능으로 이해되는데, 이렇게 읽을 경우 뭔가 꼬인 느낌 속에서 시의 나머지 전체가 화자는 체념에 빠져 있다는 해석으로 빨려들어 가게 된다. 그것이 김종길이 파악한 어의다. 이런 어의를 일단 받아들이면 다시 뫼비우스의 띠처럼 '이몽룡과 헤어진 이후의 상징의 그네'가 불려 나온다. 여기서

20   허진, 「원문과 이중번역문 간의 메타몰포즈 고찰: 언어의 시적 기능과 메타언어적 기능을 중심으로」,《프랑스문화예술연구》 36집(2011).

한 걸음 더 나아가면 춘향이 향단이에게 그넷줄을 밀라고, 바다로 또 하늘로 가겠다고 하면서도 정작은 지상을 떠나고 싶지 않은 '역설적 애착'에 빠져 있다는 해석의 곡예로 이어진다. 이러한 해석에는 여자의 '안 된다'는 '된다'는 의미라는 식으로 여성의 말에 대한 남성의 왜곡된 시각이 엿보인다.

하지만 시의 전체 구조에 대해 개작 4연이 메타언어적 기능을 수행한다고 읽으면 이는 그네 노래의 유기적 언어 구조를 번역하고 주해하는 등위문이 된다. 그렇다면 개작의 효과는 무엇인가? 원작의 5연이 그 연 안에서 달과 춘향의 시각적 대비를 이미지화하는 것으로 제한되는 데 비해 개작에서는 4연이 시 전체를 되비추며 춘향의 기쁨의 형이상학을 사유할 수 있다. 이 시 전체는 대상언어 차원에서는 몸짓과 발굴음이 있는 춘향의 말이며, 메타언어 차원에서는 초월이 부정된 말이다.

메타언어는 외국어를 습득하는 과정에서 혹은 어린아이가 모국어를 배우는 과정에서도 널리 활용된다. 춘향의 말을 되풀이하는 말이자 춘향의 말을 욕망하는 '나'란 그럼 도대체 누구인가?

우리도 향단이 되어

우리는 시가 무엇에 관해 이야기하는지 알고 싶다. 그런데 어떤 종류의 앎은 내가 매료된 것과 관계 맺고 있음을 확인하고 싶은 욕망과 구분되지 않는다. 이러한 욕망을 의사소통의 교감적 기능으로도 설명할 수 있을 것이다.

어린아이가 획득하는 첫 언어 기능이라고도 하는 교감적 기능은 인간과 동물의 대화를 가능하게 하며 전화 통화 중에, 연인 간에 '예, 예' 하고 내는 기척만으로도 작동한다. 접촉이 성립하고 있다는 사실을 확인하고 싶은 것은 근원적인 욕망이기 때문이다. 그래서 어린아이는 정보를 가진 메시지를 발신하거나 수신할 수 있기 이전에 이미 항상 전달을 수행하려고 한다. 사내애는 첫눈에 반한 여성에게 나는 '당신을 알아요'라고 성급하게 외치기 마련이다. 그리하여 '너는 몰라'라는 답변 앞에서 평생을 배회해야 하는 운명도 있는 것이다. 「추천사」는 그런 욕망의 연행이었는지도 모르겠다.

나는 당신을 압니다. '춘향의 말'은 내가 이해한 당신의 욕망입니다. 당신의 욕망을 내가 이해했다는 것을 확인하기 위해서만 이 시는 쓰여졌습니다. 시인은 이렇게 말하고 있는 듯하다. 노년에 이른 서정주는 춘향이의 말을 알아듣고 그네를 밀어주는 「추천사」의 향단이가 바로 자신이었음을 자서전에서 장황하게 고백하고 있다. 열 살짜리 사내애였던 시인은 열여덟 살 어름의 여성 곽남숙을 퍽이나 따랐더랬다.

"왜 한번 타 보지. 내가 밀어 주께." 그러면서 그는 두 손으로 그네줄을 하나씩 잡고 서로 향해 미는 시늉을 해 보였다. 그러나 나는 그때 거기 올라타지 않고 잡았던 한 손의 그네줄을 놓고, 남숙의 등 뒤로 가서 허리께를 두 손으로 움켜잡고 앞으로 밀어댔다. 그러면서 "한번 먼저 타 봐. 내가 밀어 주께. 어서 한번 타 봐. 밀어 주께. 밀어 주께." 하고 졸랐다. 어린 느낌에도 그네 옆 여왕을 향단으로 쓰는 짓은 차마 못하겠고, 자기가 향단이가 되는 게 훨씬 좋게 느껴졌기 때문이다. 그랬더니 남숙도 마침내는 그것을 요량한 양 "그럼 내 먼저 타 보께, 밀어 봐. 무거울 텐디……" 하며, 하얀 옥양목 버선 신은 두 발을 사뿐 그네 위에 올려놓고, 웬일인지 이때만은 초점이 선히 돋아 보이는 눈망울을 내게 번개처럼 잠깐 보내고는, 첫별처럼 하늘에다 모아 놓았다.

이때 그의 등 뒤에서 아름에 겨운 꽃바구니의 노다
지를 안 듯 하고 있던 내 느낌을 뭐라 했으면 좋을
지. 나는 그 뒤에 그네 옆에 서거나 그네를 생각할
때마다, 늘 두고 이때의 일을 마음속에 되살려 내왔
고, 또 시로도 이걸 써 보려 무진애는 썼으나 도무
지가 그 찬란한 자유를 다 말할 길은 없다.[21]

서정주는 춘향의 청자인 향단이 되고자 하는
욕망의 자리에 자신을 영원히 놓기 위해서 시를 썼
노라 하고 있다. 이로써 「추천사」는 춘향의 말로 환
원되지 않으면서, 에로스적 관계 안에서 현현하는
춘향과 향단이 사는 한 세계로 열린다.

인류세란 이러한 근원적 욕망이 망각된 시대
아닐까? 인류세는 인간으로 인해 기후변화와 종 다
양성 파괴, 해양생태계의 훼손 같은 현상들로 표
출되는 지구 시스템의 변동이 일어나 인류의 생존
이 위협받는 상황을 지칭한다. 이러한 상황을 초래
한 것은 자율적 주체라는 가상이었다. 주체는 세계
를 지배하기 위해 욕망을 배제하고 자율적인 개인

---

21   서정주, 「내 마음의 편력」, 『서정주문학전집 3』(일지사, 1972),
      76~77쪽.

을 선언했다. 그 결과 우리를 둘러싼 세계는 모두 인간이 마음대로 사용할 수 있는 에너지 자원으로 전락했다. 심지어 인간 자신이 마찬가지로 에너지 자원이 되고 있다. 이런 상황 속에서 종말론이 실감을 얻고 있다. 그렇다면 우리를 추궁하는 근본적 질문은 근원적 욕망에게 어떻게 목소리를 돌려줄 것인가로 모아진다. 어린아이가 좇는 근원적 욕망이 자연적인 것이기를 그칠 때 시는 무엇을 할 것인가? 이에 대한 시의 대답은 "그의 등 뒤에서 아름에 겨운 꽃바구니의 노다지를 안 듯 하고 있던 내 느낌"을 좇아가라는 것이 아니겠는가.

3장

떳떳한 가난

―천상병, 「나의 가난은」

군대 제대하던 해에 IMF 외환위기를 겪었다. 주변 사람들은 상당수 대학을 자퇴하고 피라미드 사기 사업에 뛰어들어 한탕을 꿈꾸는가 하면 자취를 감췄던 몇몇은 뇌호흡 강사나 반인반신이 되어 나타나곤 했다. 나 역시 글쓰기를 작파하고 취직도 여러 번 했지만, 사기꾼도 신선도 되지 못하고 여러 차례 내려놓았던 글쓰기를 다시 부여잡곤 했다.

글쓰기와 책 읽기는 근대라는 격랑 위의 부표 같았다. 수많은 문학청년의 행위는 백석이 말하듯 '가난하고 외롭고 높고 쓸쓸하도록' 되어 있는지도 모른다. 하지만 백석의 가난이나 쓸쓸함이 어딘지 모르게 호사스러운 느낌이 들기도 했던 나는 차

라리 천상병의 "똥 걸레 같은" 거렁뱅이짓에 마음
이 가곤 했다. 노숙자들이 골목골목 넘쳐 나던 청
년 시절, 나타샤를 기다리며 당나귀와 함께 북방으
로 난 눈길을 그윽하게 바라보는 백석보다는 천상
병의 영혼과 함께 엽전 세상에서 밤버스를 타고 싶
었다.

> 억지밖에 없는 엽전 세상에서
> 용케도 이때껏 살았나 싶다.
> 별다른 불만은 없지만,
>
> 똥걸레 같은 지성은 썩어 버려도
> 이런 시를 쓰게 하는 내 영혼은
> 어떻게 좀 안 될지 모르겠다.
>
> 내가 죽은 여러 해 뒤에는
> 꾹 쥔 십원을 슬쩍 주고는
> 서울길 밤버스를 내 영혼은 타고 있지 않을까?
> ──천상병, 「한 가지 소원」 부분

떳떳한 가난   71

가난한 나라의 전후 세대

　한국은 매우 가난한 나라였다. 애초에 1948년 유엔과 미국의 지원을 받아 탄생한 대한민국은 미군과 유엔군의 구호물자에 의존하는 체제였다. 특히 1950년대는 원조 경제의 시기라고 불렸는데, 쉽게 말해 한국은 미국 없이는 나라 자체가 유지되기가 불가능한 최빈국이었던 것이다.

　1950년 북한의 공격으로 한국전쟁이 일어났다. 한반도 전역이 초토화된 후 전쟁이 휴전 상태로 들어갔을 때 3년간 미군의 무차별 폭격을 받았던 북한은 한국보다 더 참혹한 상태로 출발했지만 전후 복구와 경제 성장을 이루어 나갔고 1960년에는 세계 49위의 경제 규모에 도달했다. 이와 대조적으로 한국은 1958년부터 미국의 원조액이 감소하는 데 대응할 자생력을 갖추지 못했다. 1960년 4·19 의거로 이승만 정부를 중단시키고 이듬해 박정희가 5·16 군부 쿠데타로 집권하게 될 당시 한국의 경제 규모는 세계 101위에 불과했다. 거리에는 굶는 아이들과 노숙자가 넘쳐 났다.

　당시 국민들은 미군들이 먹다 남은 음식인 꿀꿀이죽을 먹었고 보릿고개를 경험했다. 지금 우리가 먹는 부대찌개가 가난의 역사를 간직한 음식이다. 4·19 때 이승만 정부의 2인자였던 이기붕 일가가 집단 자살(혹은 타살)로 생을 마감했을 때 그들이 살던 집으로 쳐들어간 민중들을 격분시킨 것은 그때 너무나 귀했던 설탕이 집안 곳곳에 쌓여 있다는 사실이었다.

이런 시대 분위기 속에서 전후 세대가 걸어 나왔다. 한국에서 전후 세대는 한국전쟁을 겪은 세대이자 1920~1930년대에 태어나 식민지 교육과 문화의 영향을 받으며 성장한 세대다.[1] 이 전후 세대의 한 사람이 천상병이다.

천상병은 일본 히메시에서 1930년에 태어나 식민지 조선과 일본을 오가며 성장기를 보낸다. 프랑스의 데리다, 부르디외 그리고 시인 신동엽이 동갑내기다. 박완서보다는 한 살이 많고 「아! 신화같이 다비데군들: 4·19의 한낮에」로 문학사에 남은 신동문보다 세 살 아래인 천상병은 유년 시절의 일본 체험과 한국전쟁기 미군 통역병 경험을 통해 국제적인 감각을 기른다. 허름한 옷을 입고 길거리에

---

1   한수영, 『전후문학을 다시 읽는다』(소명출판, 2015); 박현수, 「한국문학의 '전후' 개념의 형성과 그 성격」, 《한국현대문학연구》49집(한국현대문학회, 2016), 330쪽.

서 술값을 구걸해 인사동 막걸리를 마시는 기인으로 대중들에게 각인된 천상병의 반전 매력이라고나 할까? 지구상 최빈국의 전후 세대가 가진 자의식을 보여 주는 그의 글을 읽어 보자.

> 수개월 전 「폭력자」라는 미국 영화를 보았을 때 나는 청춘이라는 것을, 아니 '한국의 청춘'이라는 것을 통감한 일이 있습니다. 그 영화를 보면 수십 명의 청년들이 오토바이 수십 대를 빠른 속도로 굴리고 있는 장면이 나옵니다. 오토바이들이 질서 있게 달리는 급속도, 그리고 그것을 진심으로 굴리는 청년들의 정열적이고 패기에 넘치는 자세 등등, 그 장면은 참으로 청춘이라는 이름을 멋지게 상징하고 있었습니다. '저것이 진짜다'라고 나는 가슴속으로 아프게 되뇌이고 있습니다. '한국의 우리들의 청춘은 결코 청춘이 아니다. 이름만의 청춘, 따라서 비정상적인, 청춘이 아닌 청춘, 그것이 우리의 것이었다.'[2]

---

2   천상병, 「청춘 발산을 억제하지 마라」, 『천상병 전집: 산문』(평민사, 2024). 이 글은 발표 연도가 밝혀져 있지 않지만 내용으로 볼 때 1960년 쓰인 것으로 추정된다. 이하 천상병의 글은 전집에서 인용한 것이다.

천상병이 인상 깊게 본 영화 「폭력자」는 말론 브란도가 연기한 「난폭자(The wild one)」(1953)로 보인다. 한국에서는 1959년에 아카데미 극장에서 개봉한 이 영화에서 말론 브란도는 거칠고 자유분방한 오토바이 폭주족으로 나와 반항적인 청년의 상징이 되었다. 「이유 없는 반항」을 통해 제임스 딘의 전매특허처럼 여겨지고 있는 반항아 캐릭터는 그보다 먼저 「난폭자」를 통해 확립된 것이었다. 말론 브란도는 가죽 재킷을 입고 무뚝뚝한 표정으로 오토바이에 앉아 있는 모습으로 2차 세계대전 이후 미국 젊은이들의 소외감과 기존 질서에 대한 도전, 갈등을 상징적으로 보여 주었다.

천상병은 이 글에서 자신의 트레이드마크인 막걸리가 말론 브란도가 탄 오토바이의 대용품에 불과하다고 주장한다. 전쟁의 폐허 위에서 성장한 지구상 최빈국 청년의 '쓰달픈' 자의식이다. 그는 청춘이란 "인생의 일부분이 아니라 인생 전체와 대결할 수 있는 유일무이한 인생의 한 계절"이라 정의한다. 왜곡된 청춘의 대체품은 4·19라는 "청춘의 복권 운동"으로 보상되었지만 그것은 수많은 희생을 낳았다. 따라서 청춘의 사명은 이런 "가슴 아픈 기념비"를 다시 세우지 않기 위해 사랑과 평화의 노래를 부르는 것이어야 했다.

청년세대는 기성세대에 대해 반발하며 사회에
참여한다. 앞서 본 한용운 세대는 전통적인 성리학
적 세계관을 신종교 운동을 매개로 해체했다. 이어
서 서정주 세대는 근대화의 그늘 속에서 배제된 자
들 스스로 해방되기 위한 변신술을 갈고닦았다. 천
상병 역시 이러한 청년세대의 모범을 따라가기를
갈망했다. 청춘의 발산을 억제해서는 안 된다고 천
상병이 강변한 것은 세계 곳곳에서 일어난 반권위
적 저항인 68운동에 동참하려는 열망이었다고 할
수 있다. 하지만 5·16은 68운동의 시대로 나아가려
는 새의 날개를 불태워 버린 방화범이 되고 만다.

경제 발전기의 시인들

박정희 시대 대표적인 민중 시인은 「오적」을
쓴 김지하였다. 한편 천상병은 동백림 사건의 무구
한 희생자이자 순수 시인으로 불려 왔다. 그러나 아
시아에서 국민국가들이 급격한 경제 발전을 이루
던 시기에 나온 「나의 가난은」(1970)이라는 시를 이
해하려면 민중 시인과 순수 시인의 대비와는 다른
읽기가 필요하다.

시인은 현실 속에서 시를 쓴다. 천상병의 시는 박정희 시대의 문학을 이해하는 오랜 도식이었던 '순수와 참여'를 다르게 이해할 실마리를 준다. 천상병의 시는 동아시아에서 손꼽히는 경제 발전을 이룬 한국의 실재가 스스로 드러나는 자리였다.

　　박정희 시대 담론의 다양성을 가로지르는 지배 담론은 경제 발전이라고 할 수 있다. 그중에서도 조국근대화 시기는 1965년의 한일 협정의 산물인 외자 도입을 통해 발전에 물을 댔지만 국제 경기 후퇴와 차관 원리금 상환의 부담, 과잉설비투자 문제 등 위기 국면을 맞게 되자 1968년 12월에는 국민교육헌장이 발표되고 군사주의와 국가주의 담론이 강화된다. 이 시기는 국가에 참여하는 지식인 그룹에서 민중적 지식인이 분화되어 나오는 이행기이기도 하다.[3] 이는 1970년대 민중문학으로 나아간 시인과 그렇지 못한 시인의 위계화를 수반한다. "천상병의 시는 초기부터 말기까지 끊임없이 가난의 문제를 다루고 있는 것이 특징"[4]임에도 천

3　　강수택, 『다시 지식인을 묻는다』(삼인, 2001).

4　　김재홍, 「천상병, 무소유 또는 자유인의 초상」, 『한국현대시인 비판』(시와시학사, 1994), 460쪽.

상병의 시는 그동안 민중시가 아니라 순수시로 분류되었다. 시가 아니라 시인이 속한 진영에 따른 관습적 분류와 시인의 지엽적인 전기적 행위에 고착된 해석이 결합된 결과였다.

1950년대에 서울대 상대를 나온 천상병은 민정 이양 후 박정희 정부가 수립하자 부산시장 김현옥의 공보비서가 된다. '불도저 시장' 김현옥은 박정희 시대의 개발지상주의의 한 상징이라는 점에서 천상병의 참여는 눈길을 끈다. 조국근대화 시기 참여론을 주장한 지식인들은 박정희 정권의 근대화론을 지지하며 정권에 동참하느냐 아니면 비판적 거리를 확보하느냐에 따라 근대화 지식인 그룹과 비판적 지식인 그룹으로 분화되었다.[5] 천상병은 1960년대의 근대화 지식인 그룹에 속한다. 5·16 이후 나타나는 권력과 지식인의 결합 현상은 군사 정권의 지배 이데올로기가 된 근대화론과 밀접한 관련이 있다. 미국의 근대화론자들이 제3세계의 경제 개발을 위해서 군부와 지식인의 결합이 필수적이라고 주장해 온 것이 그 토대였다.[6]

5   서은주, 「지식인 담론의 지형과 '비판적' 지성의 거처」, 『1960년대 문학과 문화의 정치』(계명대학교출판부, 2014),

6   민주화운동기념사업회 연구소 엮음, 『한국민주화운동사 1』(돌

78

천상병의 앞에는 김수영이, 뒤에는 김지하가 있다. "왜 나는 조그마한 일에만 분개하는가"(「어느 날 고궁을 나오면서」)라고 자문하는 김수영은 자기 실존을 비판적으로 드러냄으로써 자율적 개인의 신화가 되는 동시에 자기 풍자를 통해 '시인=민중'의 부정적 일치에 도달한다. "그녀는 도벽이 발견되었을 때 완성된다/ 그녀뿐이 아니라/ 나뿐이 아니라 천역(賤役)에 찌들린/ 나뿐만이 아니라"(「식모」). 이러한 김수영을 비판적으로 계승하는 김지하는 '시인=민중'을 향하고 있는 김수영의 풍자를 재벌, 국회의원, 고급 공무원, 장성, 장차관 등의 '오적'으로 표상되는 권력자에게로 돌려세우며 민중을 향해서는 비판보다 연대가 요청된다는 민중시의 전략전술을 제기한다. "시를 쓰되 좀스럽게 쓰지 말고 똑 이렇게 쓰랏다./ 내 어쩌다 붓끝이 험한 죄로 칠전에 끌려가/ 볼기를 맞은 지도 하도 오래라 삭신이 근질근질/ 방정맞은 조동아리 손목댕이 오물오물 수물수물/ 뭐든 자꾸 쓰고 싶어 견딜 수가 없으니, 에라 모르겠다/ 볼기가 확확 불이 나게 맞을 때는 맞더라도/ 내 별별 이상한 도둑 이야

베개, 2008년), 367쪽 참조.

길 하나 쓰겠다."(「오적」) 이렇게 민중 시대를 연 김지하는 비판적 지식인에서 분화되어 민중적 지식인의 위상을 얻게 된다.

한편 천상병에게서 시인은 자신의 실존에 강박되지도 않고 전략전술이라는 목적론에 긴박되지도 않는 '무상한 행위'를 수행하는 사람이었다. 나는 지식인의 실존으로 환원되지 않는 시인의 행위에 주목한다. 천상병이 처음으로 쓴 산문시 「새」(1966)는 지성의 참가를 어떻게 수행해야 할지 인식하려는 고투의 한 흔적으로 남아 있다.

최신형 기관총좌를 지키던 젊은 병사는 피비린내 나는 맹수의 이빨 같은 총구 옆에서 지루하기 짝이 없었다. 어느 날 병사는 그의 머리 위에 날아온 한 마리 새를 다정하게 쳐다보았다. 산골 출신인 그는 새에게 온갖 아름다운 관심을 쏟았다. 그 관심은 그의 눈을 충혈케 했다. 그의 손은 서서히 움직여 최신형 기관총구를 새에게 겨냥하고 있었다. 피를 흘리며 새는 하늘에서 떨어졌다. 수풀 속에 떨어진 새의 시체는 그냥 싸늘하게 굳어졌을까. 온 수풀은 성 바오로의 손바닥인양 새의 시체를 어루만졌고, 모든 나무와 풀과 꽃들이 모여들었다. 그리고 부르짖

었다. 죄없는 자의 피는 씻을 수 없다. 죄없는 자의
피는 씻을 수 없다.

— 천상병, 「새」

사상을 쓰는 시

해방이 되면서 천상병은 일본에서 귀국해 마
산중학교 2학년에 편입한다.

지금으로는 고등학교 2학년인 중학교 5학년
때 천상병이 쓴 시 「강물」은 그해 국어 교사로 왔
던 김춘수 시인의 첫 시집 『구름과 장미』를 탐독하
면서 나왔다. "서러운 짐승처럼 울고 있는가"라는
김춘수의 초기 시 「풍경」의 마지막 행과 "짐승처
럼 서러움에 울고 있는 까닭은"이라는 「강물」의 마
지막 두 번째 행이 맞물리는 것이 눈에 띈다. 이후
「강물」은 유치환 시인의 1회 추천작으로 1952년
《문예》 1월호에 게재되는데 천상병은 김춘수의 입
김이 작용했을 것으로 믿고 있었다.(김춘수는 그 점
을 부인했다.) 같은 지면 5~6월 합본호에 「갈매기」
가 모윤숙에 의해 추천되면서 천상병은 시인의 자
격을 취득한다. 1953년 천상병은 조연현의 추천으
로 평론가로도 등단한다.

등단이 이례적으로 이른 나이에 이루어진 것과 어울리지 않게도 천상병의 첫 시집 『새』(1971)가 출간되는 데는 20년 가까이 걸렸다. 그것조차도 본인의 의사와 무관하게 출간된 것이다. 『새』에 수록된 59편의 시 중에서 새가 표제인 시가 7편, 부제인 시가 4편이다. 그 외에도 다수 시에 새 이미지가 나온다. 새는 현실의 갈등이나 좌절을 떨치고 날아오르고 싶은 자아의 의지를 담은 객관적 상관물이라고 할 수 있을 것이다. 그중 1967년 5월에 발표한 「새」는 김춘수의 「나목과 시」를 연상시킨다. 동백림 사건이 있기 직전까지 천상병이 김춘수의 영향권에 있었다는 점을 보여 준다. 「나목과 시」에서 '시'를 '새' 이미지로 대체한 「새」는 어떤 객체나 객관적 상관물을 두지 않는 순수의 이미지로 나아간다.[7]

김춘수의 시를 새로 대체한 천상병의 의식을 「지성의 한정성」은 잘 보여 준다. 김춘수에 대한 비평인 「지성의 한정성」에서 천상병은 릴케를 소환한다.

7   이경철, 『나와 네 외로운 마음이 겹친 이 순간: 천상병·박용래 시 연구』(솔, 2008), 50쪽.

릴케의 시의 사상은 그의 시어 여하에 구애하지 않고 시에 있어서의 사상이 된다. 왜 그러냐 하면 릴케의 시에 있어서는 '신'이라는 말과 '나뭇잎'이라는 말이 근본적으로 별개의 것이 아니기 때문이다. '신'이라는 말의 의미가 '나뭇잎'이라는 말의 의미와 같다는 것이 아니라 '신'과 '나뭇잎', 이 두 개의 말이 지성이나 감성 앞에서 언제나 같은 취급을 받는다는 의미에서 같다는 것이다.[8]

여기에서 천상병이 고민하는 현대시의 이상적 상태에 주목해 보자. 천상병은 『인인(隣人)』을 펴낸 김춘수를 비롯한 한국 모더니스트 시인들은 시의 사상이 지성으로써만 표현되는 것으로 잘못 알고 있다고 지적한다. 이때 사상이란 무엇을 가리키는 것일까?

천상병의 평론 등단작에서 사상은 특정한 대상물을 초월한 완전한 인식이자 "뭇 대상물 전체가 가지는 최대공약수"로 설명된다.[9] 천상병에게 개별적인 인식은 사상에 도달하기에는 턱없이 부족한

8   천상병, 「지성의 한정성」, 321쪽.
9   천상병, 「나는 거부하고 반항할 것이다: 내일의 작가와 시인」, 239쪽.

것이다. 그것은 마치 한 사람의 이름을 안다는 것이 그 사람을 전연 모른다는 것과 별로 차이가 없는 것과 같다. 달리 말해서 지성만으로는 시의 사상에 도달할 수 없다는 것이다. 천상병이 규정하는 의미에서 사상은 시대의식으로 연결되는데 "시대의식이란 비극의식"과 같다. "불만족과 불가능과 불가피의 본능"이 "우리들의 존재 자체의 비밀"이기 때문이다. 시인이 인식의 비극화를 이룸으로써 드러낸 우리 존재의 비밀은 바로 "부정 자체"다. "부정이란 완전한 시대의식을 체험하면서 그래도 그 시대의식의 중압에 인종(忍從)하고 그 인종을 행동에까지 상승시키는 영원한 인류의 의지"와 같다. 천상병은 기성 작가들이 이러한 의미에서 사상에 도달하지 못한 채 개별적 인식으로 시를 쓰는 데 반발한다. 이후 민중시에서 이 문제는 더 심각해지는바 그것은 천상병에 의해 발명된 문제다.

천상병이 본 자기 시대의 작가는 지성의 참가를 시도하면서도 시대를 인식하는 데 그쳤다. 천상병은 세대교체를 통해서 시대의식의 중압을 견디며 행동에까지 도달하는 시를 꿈꿨다. 천상병의 이상이 이토록 거대한 것이었기에 그의 시는 불가능성의 조건을 가능성의 조건으로 돌려세우는 힘으로 나타날 수 있었다.

한편 천상병의 또 다른 평론 등단작 「사실의 한계: 허윤석론」은 방법에 천착하고 있다. 천상병은 문학과 소재와 문장의 세 요소가 통합적으로 작동해야 한다고 주장하는데, 이 중에서 소재란 소박한 사실이 아니라 작가의 눈이 포착한 현실이며 이는 작가가 체험한 "완전한 시대의식"에 부합하는 것을 말한다. 천상병은 한국문학이 표현하는 사실이 "유령의 품에서 되어 나온 사실"이자 "유령이 끌고 가는 우차 뒤에서 낮잠만 자는 작가들의 사실"이라고 비판한다.[10] 시인이 지성의 한계를 인식조차 못한 채, "인식의 비극화" 혹은 "절망"도 없이 지성의 참가를 시도하고 있기 때문에 한국 현대시는 '우리 존재의 비밀'에 다가설 수 없는 것이다.

천상병은 이러한 입장에서 시를 써 왔다. 그 비평적 자의식을 검토해 볼 때 천상병은 "현실적 삶이나 시대나 정치의식과는 무관"[11]하다는 소극적 평가를 넘어 철저한 행위로서 현실에 접근하는 시의 정치성에 주목할 것이 요구된다.

10   천상병, 「사실의 한계: 허윤석론」, 405쪽.
11   이경철, 앞의 책, 238쪽.

떳떳한 가난의 시

오늘 아침을 다소 행복하다고 생각하는 것은
한 잔 커피와 갑 속의 두둑한 담배,
해장을 하고도 버스 값이 남았다는 것.

오늘 아침을 다소 서럽다고 생각하는 것은
잔돈 몇 푼에 조금도 부족이 없어도
내일 아침 일도 걱정해야 하기 때문이다.

가난은 내 직업이지만
비쳐 오는 이 햇빛에 떳떳할 수가 있는 것은
이 햇빛에도 예금통장은 없을 테니까……
나의 과거와 미래
사랑하는 내 아들딸들아,
내 무덤가 무성한 풀섶으로 때론 와서
괴로웠음 그런대로 산 인생. 여기 잠들다. 라고,
씽씽 바람 불어라……

　　　　　　　　　　　——천상병, 「나의 가난은」

《시인》에 1970년 7월 발표된 이 시는 일상의
"오늘 아침"을 행복과 서러움이라는 상반된 정서로

제시하고 있다. "가난"은 "한 잔 커피", "두둑한 담배", "버스 값"을 매개로 마치 예능 프로에 나오는 양 '만 원의 행복'의 얼굴을 하고 있다. 하지만 이러한 행복의 얼굴은 내일에 대한 걱정을 뒤통수에 달고 온다. 천상병은 인식의 비극화를 거쳐 가난이라는 공백을 발견하고 있지 않은가. 천상병은 이 시를 발표한 직후 김현승의 시를 논하며 가난이란 곧 "인간의 대명사"[12]로 쓰인다고 짚고 있는데 이는 자신의 시에 대한 해설로도 타당하다.

3행에서 시적 주체는 마침내 "가난은 내 직업"이라는 진리를 선포하게 된다. 이러한 선언은 1연의 행복과 2연의 서러움의 대비를 넘어 3연에서 "떳떳"함에 도달한 데서 뒷받침된다. 떳떳함의 근거는 "햇빛에도 예금통장은 없을 테니까"라는 문장에서 도출된다.

이 대목에서 시적 주체의 떳떳함은 자칫 도덕적 우월감으로 떨어질 수도 있지 않을까? 혹은 가난을 견뎌 내는 자신의 삶을 특권화할 수도 있지 않을까? 하지만 시적 주체는 마치 광야에서 예수에게 돌을 빵으로 바꿔 보라고 유혹하는 악마를 물리

---

12   천상병, 「김현승론」, 356쪽.

치듯이, 성 프란치스코 신부가 먹이를 걱정하지 않는 새들에게서 은총을 보듯이, "비쳐 오는 이 햇빛"이 만물을 대하는 평등한 태도에 자신을 포개어 놓음으로써 모든 유혹을 물리친다.

천상병의 떳떳함은 "하늘을 우러러/ 한점 부끄럼이 없기를/ 잎새에 이는 바람에도/ 나는 괴로워했다"라는 윤동주의 결벽증과 대비해서 볼 수 있다. 「서시」는 부끄럼이 없기를 희망하는 데 그치지만 「나의 가난은」은 박정희 시대 경제 발전 담론과 가난 담론을 가로지르며 하늘을 우러러 한 점 부끄러움이 없는 상태로 상승한다. 천상병은 "관념상의 모든 저항의식이란 모조리 다 거짓말이다. 작품만이 반항이다."[13]라고 "거인처럼 부르짖는다."(「내집」) 흔한 "반감"은 "반항"을 포기한 자의 패배의 합창에 불과하다고 단호하게 선을 긋는다.

이러한 시적 주체의 삶은 4연 4행에서 "괴로웠음 그런대로 산 인생. 여기 잠들다." 하는 묘비명이 된다. 떳떳한 삶이 텍스트로 전환된 것이다. 이 묘비명은 누가 쓰는가? 바로 다음 행의 "씽씽 바람

---

13   천상병, 「나는 거부하고 반항할 것이다: 내일의 작가와 시인」, 241쪽.

불어라"에서 보듯 바람이 쓴다. 그런데 4~5행은 앞의 1~2행의 호격 "나의 과거와 미래/ 사랑하는 내 아들딸들아"와 결합하면서 산문이 도달할 수 없는 독특한 효과를 발생시킨다. 시적 주체의 삶은 텍스트로 생산될 때 비로소 과거와 미래 그리고 아들딸과 만날 수 있는 것이다. 그러한 만남은 천상병의 표현을 빌리면 청춘이 발산해야 할 '무상의 행위'다. 4연에서 천상병의 가난한 삶은 무상한 텍스트가 되어서, 즉 글쓰기를 통해서 '나의 과거와 미래=사랑하는 내 아들딸들=바람'과의 만남이 성사되는 것이다.

그런데 이 묘비명에서 첫머리를 차지한 단어는 "괴로웠음"이다. 지금까지 「나의 가난은」은 단순히 일상의 작은 행복과 서러움으로 이해되는 측면이 있었다. 이남호는 "그 긍정은 극기와 초월의 긍정이 아니고 고달픈 삶 그 자체로서의 긍정"이라고 평한다.[14] 하지만 "괴로웠음"을 고달픈 삶이라는 일상의 차원으로 환원하는 데서 멈춰서는 안 된다. '나의 과거와 미래 그리고 아들딸들'이 시 읽기

---

14   이남호, 「뮤즈가 노래한 시 이전의 시」, 《현대시사상》 1996년 겨울호, 211쪽.

에 참가함으로써만 68시대와 그 반전인 박정희 시대가 현실화하는 것이다.

68시대의 시인

민중시는 박정희 시대 담론구성체의 일부가 되어, 김수영이 노래한 "사랑의 위대한 도시"(「사랑의 변주곡」)의 전망인 68시대와 대면하기를 거부하고 있었다. 68시대와 박정희 시대를 가로지르는 청춘의 증언자 천상병이 '순수'의 이름에 자신을 얽어매어 스스로 이단점이 된 것은 그저 우연만은 아닐 것이다.

김지하나 김준태는 순수냐 아니냐라고 묻고 있다. 한마디로 말하겠다. 순수다! 전자는 민족과 조국에 대한 직언으로서이며 후자는 그의 가능성 때문이다. 이것은 내가 말하는 '문학'과 언제나 상반되는 것이 아니다. (……) 거의 모두가 이제 금전망자(金錢亡者, 금전에 대한 집념에 사로잡힌 사람) 아니면 벼슬 지상으로 갔다. 그러나 나는 끝까지 '문학'을 지킨다. 굶어 로두를 헤매더라도 쓰러져 있더라도 선배들의 뒤를 따른다. 이것이 나의 '다시 순수로'인 것이다.

주여! 이 가시밭길을 가는 저에게 힘과 용기는 주시
지 않더라도 가난과 신고만을 내리시는 것은 다소
생각해 주십시오.[15]

천상병이 "다시 순수로"라고 할 때 그 내용은
자본주의와 관료주의에 대한 저항을 가리킨다. 그
런데 이 저항은 박정희 시대 담론인 민중시로서는
가능하지 않다고 믿었다. 인식의 비극화, 즉 절망
이 수반되지 않은 지성의 참가는 진정한 저항일 수
없다는 시 의식이었다.

천상병이 견지한 이 진실은 '민주화 이후의 민
주주의'가 짓밟히고 있는 21세기의 시대의식으로
반복되고 있다. 어느새 기성세대가 된 민주화 세대
는 '눈 떠 보니 선진국' 같은 승리감에 들떠서는 극
심한 경쟁사회에 내몰린 청년들에게 지성의 참가
를 또다시 요구하고 있다. 하지만 절망한 자의 반
항만이 시의 참여라는 천상병의 문학론은 오늘을
사는 청년들의 몸부림으로부터 오히려 실감을 얻
고 있지 않은가. 이러한 실감을 선취한 천상병의
문학론을 좀 더 급진적인 차원으로 몰아넣는 것은

15   천상병, 「읍참마속: 조태일 형에의 회신」, 《월간문학》 1970년 12월.

김수영이었다.

> 시의 포기와 방위 이 두 가지 엄숙한 작업을 한꺼번에 요새 시인들은 해내고 있다. (……) 오른손으로는 원고지 위에 시를 쓰면서, 왼손으로는 그것을 쓰레기통에 집어 넣는 광경은 생각만 해도 가소롭지만, 냉정하게 따져들면, 우리는 그 짓을 되풀이하고 있다.
> 그 가소로운 자기 모습을 명석하게 의식하고 있는 시인이 더러는 있는 모양이다.
> 그 하나는 김수영이다. 그의 「어느 날 고궁을 나오면서」(《문학춘추》 1965년 12월호)라는 시는 쓰레기통 냄새가 짙다. 그는 시를 '버린 것'이다. 그러나 그는 그 '버리는 수속'을 바로 시로 만드는, 막힐 때까지 막힌 골목에서, 그래도 자기를 정립한다. 캐리커처의 정신이 비로소 생기를 발하는 까닭이기도 하다.[16]

천상병은 김수영을 비롯한 1960년대 현대시인들의 이율배반을 극복하기를 희망하게 된다. "오

---

16   천상병, 「내부감각의 함정」, 《현대시학》 1966년 4월.

른손이 시를 쓰고, 왼손이 그 시를 버리는 이율배반이 필연적으로 시인의 내부 붕괴를 초래했고, 그것을 조금이라도 극복하겠다고 나선 '의식의 시인'들이 기막힌 함정에 빠졌다는 사실을 나는 말했다." 이렇게 부연하며 차라리 그 이율배반에서 가능성을 찾는다. "이것 또한 함정인가!"

천상병의 '함정'을 혁명적으로 전위시키는 것은 동백림 사건이었다. 동백림 사건은 1967년 중앙정보부에서 당시 독일 동베를린에 유학한 학생과 교인 등을 간첩단으로 몰아간 역사의 폭력이다. 천상병은 그 사건의 희생자였다.

동백림 사건에 연루되어 천상병은 세 차례의 전기 고문을 당하고 폐인이 되어 출옥했다. 천상병이 고문 후유증으로 고통을 겪던 중에 행방불명되고 사망자로 처리되면서 『새』가 동료 시인들의 손을 거쳐 유고 시집으로 출간된다. 무연고자로 정신병원에 수용되어 있던 천상병은 이 시집이 나오자 일약 유명 인사가 되어 풀려나오게 된다. 그러니까 천상병은 어느 날 대공분실에서 풀려나오고, 또 어느 날 정신병원에서 풀려나온다. 이 두 번의 풀려나오는 과정 속에 『새』라는 텍스트가 있다.

현대시가 봉착한 막다른 골목은 무구한 희생

자 천상병 그 자신이 사건이 됨으로써만 뚫린 골목일 수 있었다. 길은 뚫린 골목이어도 무방하다. 절망한 독자는 이 뚫린 골목을, 도로를 질주할 수 있게끔 되었으니까.

한 손으로 시를 쓰레기통에 버리면서 다른 손으로는 시를 쓰는 이율배반은 새의 날개를 불태워 버리는 역사의 침입으로부터 해소된다. 이제는 나도 김춘수와 김수영의 이단점, 김수영과 김지하의 이단점을 하나의 성좌로 그려 내는 천상병의 승리의 증언을 도래할 독자에게 낭송해 줄 수 있을 것 같다.

67년 7월 동백림 사건에 연루되어 내 인생은 사실상 끝났던 것이다. 그때 정보부에서는 나를 세 번씩이나 전기고문을 하며 베를린 유학생 친구와의 관계를 자백하라고 했지만 죄없는 나는 몇 차례고 까무라쳤을망정 끝내 살아났다.

지금의 내 다리는 비틀거리며 걸어다니지만 진실과 허위 중에서 어느 것이 강자인지 나는 알고 있다. 남들은 내 몸이 술 때문이라고 하지만 결코 술 탓만은 아니라는 것, 나만은 알고 있다. 나는 몇 번의 찢어지는 고통에서도 이겨 냈다. 지금도 그때를 생각

하면 몸서리쳐진다. 고문을 한 놈을 찾아 죽이고 싶
은 심정일 때도 있었다. 그러나 나는 이겼으니 이것
으로 만족한다.[17]

17 천상병, 「들꽃처럼 산 '이순의 어린왕자'」, 59쪽.

2부

4장　　　　　　**세우면서 서기**
──허수경, 「우리는 같은 지붕 아래 사는가」

한용운, 서정주, 천상병은 제각각 전통에 대한 반항으로 자기 시대에 굵은 선을 그었다. 전통에 대한 반항이 근대의 전통이라고 규정한 시인 옥타비오 파스처럼, 세 사람의 생의 궤적을 '반항의 전통화'라고 불러도 무방하다. 천상병에 따르면 전통은 영원을 향해 놓인 철길 위를 달리는 열차다. 이들의 특이성은 저마다 자신의 시대가 산산이 부서진 열차를 맞이하고 있다는 자의식에 지배당했다는 것이다. 그랬기에 전통을 파괴하고 불사르는 것이 이들에게는 단연코 재건의 노래였던 것이다.[1]

1　　천상병, 「나는 거부하고 반항할 것이다: 내일의 작가와 시인」,
『천상병 전집: 산문』(평민사, 2024), 241쪽.

하지만 '불 지른 남자'가 주연으로 나오는 연극이 막을 내리는 1990년대에 이르러 모든 것이 바뀌었다.[2] 전면적인 변화 속에서는 저항 자체가 재건의 노래로 받아들여지던 시대의식도 더는 통용되지 않게 되었다. 마침내 수렴점에 도달한 것인가. 적어도 영원을 향해 놓인 철길이 미래를 가리키는 유일한 방향이라는 착각은 폐기되었다.

영원을 향하는 열차에서 내가 내린 1990년대는 세계화의 네온사인으로 흥청거리는 듯했지만 이내 그것은 폐허로 드러났다. 군대를 제대하고 새벽 신문 배달을 시작한 지 반년이 못 되어 IMF 구제금융 시대가 펼쳐졌고 길거리에 나앉은 노숙자들은 더 이상 열차를 기다리지 않았다. 당시 흔히 들려왔던 영화 제목은 「세기말」, 「죽거나 혹은 나쁘거나」, 「얼지 마, 죽지 마, 부활할 거야」 같은 것들이었다.

그 시절 나는 허수경의 「쉬고 있는 사람」, 「청

---

2   「불 지른 남자」는 1982년 부산 미문화원 방화사건을 모티프로 한 연극이다. 이 연극은 '80년대를 관통하던 이상주의에 대한 포기' 또는 '시대가 변했음에도 포기할 수 없는 꿈을 연극으로 표현', '문민정부의 개혁에 대한 비판' 등 다양한 각도에서 논의되었다. 「미문화원 방화사건 소재 연극 '불지른 남자' 잔잔한 파문」, 《한국일보》 1994년 11월 18일 자.

년과 함께 이 저녁」,「오래된 일」등의 시를 읽으며 견뎠다. 시인도 아마 그러했으리라. "네가 나를 슬몃 바라보자/ 나는 떨면서 고개를 수그렸다 (……) 모든 죽음이 살아나는 척하던/ 지독한 봄날의 일"(「오래된 일」)을 나 역시 기억한다. 허수경 시를 읽으며 한 시절을 견딘 모든 이의 청춘이 "지독한 봄날" 속으로 고개를 수그리지 않는가. 그러고 난 뒤 찾아드는 환멸 역시 나는 모르지 않는다. 하지만 "환멸아, 네가 내 몸을 빠져나가 술을 사왔니"(「쉬고 있는 사람」)라고 말할 만큼은 아니었는지도 모르겠다. 나는 술을 먹지 않고도 쉬고 있는 사람과 함께 쉬고 싶고 "제 속의 그대"(「청년과 함께 이 저녁」)인 청년과 다시 만나고 싶을 뿐이다.

이중체인 새

허수경은 유랑 시인이다. 진주에서 대학을 나오고 첫 시집『슬픔만 한 거름이 어디 있으랴』(1988)를 내면서 서울로 상경했다. 불안정 노동에 시달리는 와중에 두 번째 시집『혼자 가는 먼 집』(1992)을 내게 되고, 암 투병 중이던 아버지의 죽음을 뒤로하고 독일 유학을 가서는 영영 돌아오지 않았다.

허수경은 고고학 박사과정을 했던 도시 독일 뮌스터에서 약 18킬로미터 떨어진 마을 알텐베르게에 작고하기 전까지 머물렀다고 한다. 식민지 상황이나 전쟁의 비극 때문에 고향을 잃고 유랑하던 선인들이 있었지만 한반도에서 드문 평화의 시대로 기억되는 1992년에 일상성을 벗어 버리고 택한 유랑의 삶이 심상하게 보이지는 않는다. 허수경은 특별히 코나투스가 강한 존재였는지도 모른다. 존재하는 모든 것이 나름대로 어떤 원인으로 작용해서 결과를 산출한다는 점에서 모든 존재자는 최소한의 능동성을 갖는데, 이런 원인의 역량을 스피노자는 코나투스라고 부른다.

그렇다면 이러한 능동성이 시인을 자유롭게 했던가? 그것은 별문제인 듯하다.

젖은 발가락으로 꿈을 꾼다 무거운 흙 속에서도 꼼지락거리며 꿈은 사랑과 같이 스며들어 자유로 다시 선다

잠 속에서도 자유하지 못하는 한낱 남루보다 못한 깃발

꿈은 하늘이 되고 땅이 되고 숟가락처럼 가지런히 버티고 선다 이렇게 아래에서 꿈꾸는 것들이

자식을 기른다

천년을 버티고 역사를 세운다

— 허수경, 「새」

위의 시는 표제가 새인데 시 전체를 관류하는 술어는 '선다'와 '세운다'다. 첫 행에서 "꿈"은 "사랑과 같이 스며들어 자유로 다시 선다". 이후 3행에서 "꿈"은 하늘과 땅이 되고 또한 숟가락처럼 '선다.' 이 시에서 술어인 '선다'의 주어는 "꿈"인데 비해 꿈을 꾸는 것은 "젖은 발가락"들이다. 즉 "아래에서 꿈꾸는 것들"이 자식을 '기르고' 역사를 '세운다.'

이 시는 꿈과 꿈꾸는 것들 혹은 선다와 세운다의 이중 구조로 이루어져 있다. 그렇다면 2행은 어떻게 읽어야 할까? "깃발"은 서는 주체인가, 세우는 주체인가? "자유하지 못하는" 깃발은 선다 대 세운다의 이분법을 용납하지 않는다. 깃발은 "아래에서 꿈꾸는 것들"이면서 이미 항상 "사랑과 같이 스며들어" 다시 서는 꿈이기 때문이다.

진주에서 서울로, 서울에서 다시 독일로 새가 되어 훨훨 떠나간 이후에도 시인의 한 삶은 세우면서 다시 서는 이러한 이중체로 자신을 건사해 냈다.

여성들의 역량

1980년대는 대중들의 역량이 폭발적으로 성장한 시기다. 그 대중들은 가면 갈수록 여성의 얼굴이 되어 갔다.

해방 직후에는 한글 해독자 비율이 22퍼센트였다. '대한민국 만들기'의 중요한 축을 경제 자립과 함께 문맹 퇴치로 볼 수 있을 텐데, 1960년대에 한국의 문맹 퇴치 사업은 거의 일단락된다. 특히 여성에 주목한다면 1979년에 중학교에 진학하는 여성이 67.6퍼센트에 도달한다.[3] 1970년대 여성 노동자는 국민학교 중퇴에서 중졸까지의 학력에 걸쳐 있었다.[4]

1980년대를 노동문학의 시대로 부상시킨 실제 동력은 노동자들의 글쓰기 문화에서 나왔다. 1970년대 민주노조운동에 가담한 여성 노동자들의 글쓰기에서 촉발된 문화 현상이다. 당대의 노동문학 담론은 여성 노동자의 글쓰기를 간과했는데[5]

---

3   이혜정, 「1970년대 고등교육을 받은 여성의 삶과 교육」, 서울대
      학교 박사학위논문, 2012, 28~34쪽.

4   박선영 엮음, 『민중의 시대』(빨간소금, 2023), 175쪽.

5   이남희, 유리·이경희 옮김, 『민중 만들기』(후마니타스, 2015),

1980년대에 인문학 강좌를 견인했던, 여학교를 졸업한 공부하는 주부들은 지금까지도 주목받지 못하고 있다.[6]

대중들의 역량 증가와 발맞춰 변혁운동이 폭발력을 얻게 된 이 시기에 급진적 운동으로서 여성해방문학 또한 등장한다. 1980년대 중반에 '여성이 쓴 문학'에 대한 명칭이 여류문학에서 여성문학으로 바뀐 것은 1980년대 변혁운동과 여성운동의 절합이 남성 중심적 문학을 재형성하는 국면을 압축적으로 드러낸다.

1980년대 민중민족 문학론은 노동자주의와 문학주의의 화학적 결합을 시도했지만 결과적으로 지식인이 욕망하는 '정치적이면서도 형식적·문학적으로 훌륭한 문학'은 아래로부터의 글쓰기를 가로막고 있었다.[7] 이때 들려온 복음 같은 소식이 노동자 시인 박노해의 『노동의 새벽』(1984)의 성공이다. "즉자적 민중에서 대자적 민중으로 전화하는 그 과정의 한복판을 정통으로 꿰뚫고 흐르는" '박

  428~430쪽.

6   「장자를 배우는 주부들」,《동아일보》1984년 12월 24일 자.

7   박선영 엮음, 『민중의 시대』, 191쪽.

노해 현상'은[8] 지식인 시인의 문학을 재배치하는 효과를 낳는다. 이때 "문학에 있어서 노동 계층을 노동하는 노동자들이 맡고 농민 계층을 농민들이 궁극적으로 맡는 역사 발전이 이미 이루어지고 있다는 눈물겨운 증거인 만큼, 지식인들의 할 일은 상대적으로 줄어든"[9] 것처럼 보인다고 한 진보적 시인의 반향이 인상적이다.

이제 지식인 시인은 노동자·농민 시인과 다른 것을 쓸 수 있어야 했다. 그것을 가능하게 하는 역량은 1970년대 후반부터 한국 시문학사에 본격적으로 등장하기 시작한 여성 시인[10]과 1970년대에 대학생의 25퍼센트에 육박했던 여성 대학생에게 있었다. 당시 "지식인 계층 운동의 위기"를 타개한 최대치의 실천이 "(광의의) 노학연대"[11]에 머물고 있다는 것은 기존 지식인 시인에게 달리 선택지가 없었음을 방증한다. 바로 이런 문화 정치의 한가운

---

8   채광석, 「민족문학과 민중문학」, 김병걸 외, 『80년대 대표평론선 2』(지양사, 1985).

9   김정환, 「민중문학의 전망에 대한 몇 가지 생각」, 《한국문학》 1985년 2월호.

10 맹문재, 「광주 항쟁 이후 시의 양상과 특징」, 이승하 외, 『한국현대시문학사』(소명출판, 2005), 370쪽.

11 박선영 엮음, 앞의 책, 182~183쪽.

데에서 허수경은 여대생으로서 시를 썼다. "나는 이 천국에서 사년을 살았네 실은/ 사십년 사백년을 살았네"(「국립경상대학교」). 허수경이 1987년에《실천문학》으로 등단을 하고 첫 시집을 낸 것은 박노해 현상의 틈새로 비집고 들어가 세계를 전복시키는 여대생 집단의 문화적 실천이기도 했다.

1980년대 시사의 맥락 속에서 허수경의 첫 시집은 여성이 핍박받고 유린당한 역사를 살피고 있다는 차원에서 '또하나의문화'와 고정희 시인의 계보를 잇는 것으로 평가되기도 한다.[12] 인류학, 사회학 전공자, 여성학자들의 동인 집단인 또하나의문화는 당시 여성 억압의 원인을 한국 현실의 종합적 맥락 속에서 구체화했는데 이들의 등장은 자신과 동료 여성들 그리고 다른 억압 집단에 관한 문제를 본격적으로 논의할 수 있는 계기를 마련했다.[13]

허수경의 두 번째 시집이 나온 1990년대는 '여성적 글쓰기'의 시기로 이해된다.[14] 프랑스의 여

---

12   이경수, 「1980년대 여성시의 주체와 정동」,《여성문학연구》43
       호(2018).
13   조혜정, 『한국의 여성과 남성』(문학과지성사, 1988), 42~43쪽.
14   여성문학연구모임 엮음, 『한국 여성문학 선집: 1990년대 성차
       화된 개인과 여성적 글쓰기』(민음사, 2024).

성 이론가들의 성차에 관한 사유가 번역되면서 동시적으로 한국문학을 이해하는 비평 언어가 준비되었다. 이로 인해 1990년대에 성차 페미니즘 이론이라는 도구를 가지고 1980년대 여성 시의 특집을 규정하는 소급적인 연구도 가능해진다.[15] 이러한 정세는 허수경을 여성문학 논의에서 '누락'시키는 결과를 낳기도 했다.[16] 『혼자 가는 먼 집』이 나온 1992년에 "영미의 혹은 불란서의 페미니즘은 모더니즘의 지류 정도로 인식되"는 당대 시단에서 "프랑스적인 시선으로 그녀의 시들을 말끔히 씻어" 낼 수 없다고 한 리뷰는 바로 이런 누락의 정황으로도 읽을 수 있다.[17]

실제로 1980년대 한국의 여성운동은 인종, 계급, 젠더 이슈에 관해 다양한 범위에서 주의를 기울였다. 다만 민중이라는 패러다임 아래서 내적 긴장이 억제되거나 포섭되어 실천에서는 복합성을

---

15 길혜민, 「1980년대 여성시에 나타난 죽음 정동연구」, 서울시립대학교 박사학위논문, 2024년, 6쪽: 허윤, 『위험한 책읽기』(책과함께, 2023년).

16 조연정, 『여성 시학, 1980~1990: '여성'을 다시 읽고 쓰는 일』(문학과지성사, 2021), 228~229쪽.

17 신범순, 「부서진 육체와 사랑의 공간: 채호기, 허수경론」, 《문학과사회》 1992년 가을호, 1017쪽.

종종 놓쳤다는 비판 역시 엄존한다.[18] 또한 한국의 사회 변혁운동의 장에서 서구에 대한 식민성 문제가 주요 화두로 등장하면서 아시아 여성이라는 특수성과 보편성의 대립 구도에 붙박여서 제3의 공간이 휘발되었다는 비판도 있다.[19] 1980년대 변혁운동 속에서 여성운동이 노정한 한계에 대한 지적은 시인으로서 허수경이 성차에 의한 억압보다는 피식민지인으로서 역사에 의한 억압에 치중했다는 평가와도 연동한다.

아버지의 집을 벗어나

한편 우리는 허수경을 이해하기 위해서 청년 여성이 1980년대를 어떻게 통과해 왔는지에 주목해 보자. 허수경의 시를 1990년대의 시각으로 절단하기 이전, 1980년대로부터 이어져 온 초기 시의 궤적을 늦었지만 새삼 청년의 시 읽기 감각으로 다시 보고 싶다.

1980년대 변혁운동에는 여성운동과 여성문학

18   박선영 엮음, 앞의 책, 373쪽.
19   허윤, 앞의 책, 204쪽.

이 제시한 갈등적이고 복합적인 여성 주체성이 각인되어 있다. 군사정부하에서 인권을 지닌 개인 또는 시민의 주체성은 아버지, 남편의 폭력에 저항하면서[20] 아버지의 집, 남편의 집을 벗어나는 문학적 상상력을 통해서 생생하게 드러났다. 허수경의 시편들에서 변혁의 시대의 문학적 전형을 읽어 내는 일은 어렵지 않다. 가령 "심줄 굵은 아낙들의 팔목에는/ 개화 이후 이 나라 온갖 수난사가/ 강물 탯줄 실려 흘러가고 있을 뿐입니다."(「남강시편」 3)에서 당대 문학이 고대하던 "성문제, 계급문제, 민족문제 등 우리 시대 온갖 모순을 한 몸에 짊어지고 있는 여성노동자 계급의 관점"[21]이 드러나는 것이다.

아버지의 집을 벗어나는 문학적 상상력이라는 이 시대 여성문학의 전형적 맥락에 놓고 보면, 허수경 시의 특이성은 집을 떠나는 이유가 소유적 개인주의의 온상을 배격하고 "모두의 집"(「아버지, 나는 돌아갈 집이 없어요」)을 찾아 나서려는 80년대의 열망을 향하고 있다는 데 있을 것이다.

20 　박선영 엮음, 앞의 책, 241쪽.
21 　이명호 외, 「여성해방문학론에서 본 80년대문학」, 《창작과비평》 1990년 봄호, 48~74쪽.

귀갓길 골목길에서 아버지를 만난다
나도 아버지도 술에 취해 있다

아버지 미국이 우리의 숨통을 조여요
얘야 월급을 다 못 타왔다

아버지 군부독재가 우리의 먹을 양식을 빼앗아가요
얘야 너의 어머니 관절염은 어쩌지

아버지 분노가 눈 앞을 막아요
그들이 몰려와 동료들을 개처럼 끌고 갔어요
얘야 숱한 동료들이 사라져간다
나는 쓸쓸하다 다만
무력할 뿐 무력한 세계에서
건강할 뿐

대문을 연다
다녀왔습니다

골목길에 그림자를 남겨두고
아버지는 장년의 그림자를
나는 청년의 그림자를

그리하여 우리는 불안하다

집으로 돌아왔음에도 자꾸

— 허수경, 「우리는 같은 지붕 아래 사는가 2」

    1980년대 허수경 시의 구체성이 상연되는 부녀 관계에서 "허수경의 시에 스며든 남성적 목소리를 어떻게 볼 것인가"[22]라는 문제나 "젠더 규범의 해체"[23]는 1990년대 이후 소급적인 시각의 연장선에 있다. 하지만 허수경의 시가 민중담론의 틈새로 들어가 내적 긴장을 유발하며 독특한 문제설정을 수행하고 있었다는 점은 1980년대 여대생의 의식 구조를 통해 이해되어야 할 것이다. 민중 담론의 균열로부터 솟아오른 허수경의 시적 주체는 경계를 지닌 개인주의 모델[24]을 경계하며, 세우면서 다시 서는 이중체로서 사유해 왔기 때문이다. 이는 달리 말해서 관계론적인 개인의 사유다. 관계 속 개체로서 허수경의 시적 주체는 자기 자신을 사유하고 있다. 이를 아버지와 딸 관계를 통해 구체적

---

22   이경수, 앞의 글, 65쪽.

23   조연정, 앞의 책.

24   도나 해러웨이, 최유미 옮김, 『트러블과 함께하기』(마농지, 2021).

으로 보자.

1980년대는 인권을 지닌 개인의 주체성이 여성의 얼굴로 현상한 시기였다. 새롭게 떠오른 여성의 얼굴은 국가와 사회를 표상하는 공적 인간의 자리를 놓고 남성의 얼굴과 경쟁하는 한편 가정 안에 있는 개인의 표상을 자연화했다. 이런 정세 속에서 볼 때 허수경의 시에서 재현되는 가정적인 아버지는 범상하지 않다. 동아시아의 유가적인 공적 인간으로부터 분화되어 나오는 근대적 개인의 한 모습이 가정적인 아버지라고 할 수 있기 때문이다.[25]

허수경의 시에서 아버지의 대표 표상은 "흔하게 늙어온 가난한 한 남자가/ 지금까지 착하게 살고 있다"(「나는 스물넷, 아버지」)라는 시적 진술에 응축되어 있다. 이 시에서 아버지에게 요청되는 것은 "이름 석 자 등기된 한 뼘의 땅"뿐이다. 그러니까 허수경의 시에서 집 안의 존재로 그려지는 남성 아버지와 공적 여성인 여대생 딸의 관계는 남성과 여성 간의 적대라기보다는, 대화하는 시적 주체의 관개체성으로 볼 수 있다. 허수경 시에서 재현되는

25   근대적 개인은 가정 여성(domestic woman)을 재현하는 여성적 글쓰기의 효과로 등장했다는 가설은 다음을 참조. 낸시 암스트롱, 오봉희·이명호 옮김, 『소설의 정치사』(그린비, 2020).

공적 여성인 여대생은 자기 자신을 낳은 바로 그
수동성과의 대화 속에서 존재한다.

전쟁 후 십여 년 동안 떠돌아다닌
병역기피자 출신 로맨티스트여

엉클톰스캐빈 자욱한 담배연기
김샌 한 조끼 맥주를 적시면
미국 구호물자 통 큰 바지 속
무릎이 아려오네

미제 분유통을 옆구리에 끼고
어둠에 지워지는 골목길 들어서면
당신의 갓난아기보다 더 작은
아이가 껌 한 통 내밀다
도망칩니다
넘어졌다 일어서서 무릎을 털며
아무렇지 않은 듯 뛰어갑니다

당신이 젊음의 온쪽을 낯선 곳에서 잃어버리고 난
십여 년 뒤에 나는 태어났고
가슴을 먹어치우는 낡은 휴머니즘보다

더 낡은 포대기에서

나는 태어났고

　　　　　　　　　　　　　　　── 허수경, 「조선식 회상 13」

　　허수경의 시적 주체를 낳은 태반은 어머니의
자궁이라기보다 아버지의 역사인지도 모른다. 여성
의 얼굴이 출현하고서야 비로소 재현될 수 있었던
남성 얼굴을 시적 주체는 적대하지 않는다. 오히려
여대생인 자신이 그러한 역사로부터 탄생했음을 계
보학적으로 돌이켜 보는 시야를 확보하려 한다.

　　시의 화자에 의해 집 안의 존재로 그려지기 이
전, 역사 속의 아버지가 복권되는 장면을 보라. 허
수경의 시에서 집 떠나기는 전통에 대한 반항, 불
지른 남자의 저항으로 환원되기를 멈춘다. 옥타비
오 파스가 예언했던 수렴점을 허수경의 시적 주체
를 통해 성찰할 수 있게 된 것이다. 전통에 반항하
는 청년들이 새로운 전통을 이루는 역사는 이제 멈
춘다. 허수경의 시는 역사 이후 남겨진 이들을 끌
어안는다.

　　아버지는 여기서 10여 년 동안 병역기피자로
떠돈 로맨티스트로 규정되고 있다. 전쟁통을 살아
낸 아버지는 "아이"였으며 미국 구호물자 통큰 바

지를 입고 미제 분유통을 옆구리에 끼고 껌 한 통을 팔려고 발을 동동거리다 "젊음의 온쪽을 낯선 곳에서 잃어버리고" 만다. 주체와 객체, 자아와 타자의 경계를 뚜렷이 설정하지 않는 딸의 자유간접화법[26]을 통해 아버지는 전쟁과 가난의 기억 속에서 복원된다. 아이 적 아버지가 딸아이와 포개어지는 4연은 마치 전생과 현생이 한 몸을 이룬 것만 같다. 역사의 수난 속에서 나를 '낳아 기른' 아버지는 집에 매이고 이러한 아버지로부터 자란 나는 내 안의 아버지와 '함께' 집 밖으로 나가고 있는 것이다. 이처럼 허수경의 시적 주체는 '아버지-세운다-아래에서 꿈꾸는 것들'과 '여대생-선다-꿈'의 이중체로 1980년대가 꿈꿨던 최량의 문학적 성취에 도달한다.

1990년대 이후에 도식화된 광장과 개인의 이분법을 걷어치우고 다시 읽는 허수경 시의 "아버지와 나는 공범자"(「우리는 같은 지붕 아래 사는가 4」)의식은 지금 새롭게 다가온다.

---

26   자유간접화법은 한국어 사용자에게서 주로 '전달자로 위장한 발화자'를 통해 발현되며, 발화자의 표현과 전달자의 표현이 '상호감염'된다는 점에 천착한 논의로 다음을 참조. 유운성, 『물듦: 상호감염의 미학』(미디어버스, 2025).

썩었는가 사랑아

허수경이 상연하는 '아버지와 함께 집 나오기'가 갖는 현재적인 의미를 어떻게 이야기할까. 남성의 영웅적인 길 떠나기와 비견되는 여성의 집 나오기를 발굴하는 것으로 충분히 가치 있다고 이야기를 매듭지어도 좋을 것 같다. 그리고 역사는 불연속적이기에 지금은 1980년대의 영웅이 도달한 지점에서 또 새로운 출발선을 그려 나가면 되는 것이라고 말을 마치면 그만인지도 모르겠다.

하지만 1980년대 여대생의 부녀 관계와 누구나(?) 대학을 가는 시대의 부모 자식 관계는 전혀 다르지 않은가. 지나고 보면 나의 청년기는 대학을 가지 않거나 못 간 청년들의 경험에 더 고유한 의미가 새겨지기 시작한 시대였다. 그랬기에 내게 대학은 '이 천국'이라고 장엄하게 되새김질할 수 있는 곳이 아니었다.

얼마 전 캄보디아에 돈 벌러 갔다가 체포되어 온 청년들의 다수가 지방대 학생들이라는 말을 들으며 전태일이 '내게 대학생 친구가 있다면' 하고 한탄했다는 전설 같은 이야기에서부터 여대생 허수경의 공범 의식까지가 주마등처럼 스쳐 갔다. 민주화 이후 우리가 맞이한 것은 더 낮아져야 하는, 더 척박해져 버린 세월이었다.

누군가는 샴페인을 터트리고 있을 때 '모두의 집'을 찾아 집을 나선 허수경은 1980년대에 감당했던 시대의 폭력보다 더 크고 교묘한 폭력이자 시련을 마주했을지도 모른다. 그랬기에 집 나온 허수경은 모두의 집으로 끝끝내 찾아갈 수 없었을지도 모른다. 정작 기댈 것은 이제는 사랑밖에 없었던 것이 아닐까.

한참동안 그대로 있었다.
썩었는가 사랑아
사랑은 나를 버리고 그대에게로 간다
사랑은 그대를 버리고 세월로 간다
잊혀진 상처의 늙은 자리는 환하다
환하고 아프다
환하고 아픈 자리로 가리라
앓는 꿈이 다시 세월을 얻을 때
공터에 뜬 무지개가
세월 속에 다시 아플 때
몸 얻지 못한 마음의 입술이
어느 풀잎자리를 더듬으며

말 얻지 못한 꿈을 더듬으리라

　　　　　　　　—허수경, 「공터의 사랑」

　　허수경은 이제 지식인 시인으로서 모두의 집으로 인도하기를 그치고 혼자 가는 길 위에서 스스로 "공터"가 된다. 아버지와 딸의 이중체가 무수한 타자들에게 개방됨으로써 시인 허수경은 1980년대의 정점에서 몰락하기보다는 차라리 1990년대의 더 큰 시련 속에서 리라를 켜는 오르페우스, 사랑의 현신이 되고 만다.

　　사랑은 타자와의 만남의 순간을 처음부터 재인지하게 한다. 어떤 의미에서 사랑은 종래의 자아를 새롭게 구성하기 위해서 자기 내부로 타자를 영접함으로써 나 자체를 손상시키는(이때 면역 체계는 자기 자신에 맞서 작동하게 된다.) 자기면역 활동이다. 이로 인해 나든 이미 나의 일부가 된 사랑이든 그것은 만남의 순간과 함께 썩게 되어 있다. 그러고 보면 사랑은 나의 것도 그대의 것도 아닌 세월의 것인지도 모른다.

　　세월을 장소로 투사할 때 "잊혀진 상처의 늙은 자리" 즉 "공터"가 환하게 드러나게 될 것이다. 사랑을 온전히 겪어 낸 "앓는 꿈"은 마침내 1980년대의 "한낱 남루보다 못한 깃발"을 위해 꿈과 꿈꾸는 것들의 이분법 너머로 "무지개"를 놓아준다. 그것은 "입술"이 "말"을 매개하지 않고 "꿈"과 맞대일 약속이 아닌가.

진주의 여대생에서 서울 상경한 불안정 노동자로의 생애 전환기에 쓰인 『혼자 가는 먼 집』은 확장된 세계와 성숙한 시선으로 이어진다. 부녀 관계를 넘어서면서 시적 주체는 서울의 숱한 인물과 사물들을 명명하고 그 인물에게 목소리를 줌으로써 "불우의 지복"(「불우한 악기」)을 누리는 불우한 악기가 되고 있다.

공범자로서 부녀 관계나 집 안의 아버지에 대한 여대생의 계몽적 태도를 벗어나면서 시적 주체는 민중, 시민, 프롤레타리아트처럼 크고 단단한 말들이 놓친 유동하는 작고 아프고 이름 없는 존재들의 이름을 불러 줄 수 있게 되었다. "그게 바로 창녀 아닌가. 제 갈길 너무 뻔해 우는 거", "그게 바로 남창 아닌가, 아무데서나 무너져 내리는 거"(「뽕짝의 꿈」.) 공터와 같은 말줄임표의 공간들 또한 이를 위해 도입되었다.

허수경의 시가 있기에 비로소 아버지 같은 소시민을 푸닥거리하는 1980년대에서 나와 "이 세

간 혼몽에"(「쉬고 있는 사람」) "당신……"이라는 "먼
집"(「혼자 가는 먼 집」)의 이름 없는 유령에게 곁을
주는 1990년대가 허락되었다.

5장

뒤통수가 하는 말
─ 황병승, 「커밍아웃」

2000년을 앞두고 헛소동이 있었다. "1999년 일곱 번째 달에 하늘에서 큰 왕이 내려올 것이다."라는 지구 멸망의 예언을 둘러싼 해프닝이었다. 20세기를 살았던 나는 노스트라다무스의 종말 예언이 실현될 것인가에 대한 순수한 궁금증을 품었다. 예언이 실현되는지 확인되면 고등학교 앞 굴다리 밑에서 생존 신고를 하자고 지금은 얼굴도 흐릿한 친구와 약속을 했더랬다. 1999년은 흐지부지 지나가 버렸고 우린 연락하지 않았다.

막상 1999년 연말에는 Y2K 현상에 대한 불안이 새로운 시대에 어울리는 대예언이 되었다. Y2K란 연도(Year)와 숫자 2, 천 단위(Kilo)의 합성어로 컴퓨터가 2000년을 제대로 인식하지 못해서 야기될 사회 혼란을 일컫는다. 사람들은 한편으로는 웃어넘기는 듯했지만 그래도 현금 인출기에서 잔뜩 현금을 뽑아 놓는 신중한 태도를 취했다. 이 또한 아무 일 없이 지나가고 세세년년 평화는 당연하고 외계인이 침략해도 웃어넘겨야 할 것 같던 어느 날 9·11 테러가 있었다. 그날 저녁 나는 학교 앞에서 소개팅 자리를 하나 주선했는데 지하 카페에서 두 남녀가 인사 나누는 걸 보고 나오며 썩 잘될 것 같지 않아 보이네, 아무려면 어때 하는 심정으로 집에 들어와서 티비를 켜자 미국의 쌍둥이 빌딩에 항공기 한 대가 천천히 다가가는 영상이 현재 진행형이었다. 분명히 외계인이 침략해도 웃어넘길 것 같던 그렇고 그런 날 저녁이었다.

세계가 붕괴되는 일은 입안의 혀처럼 자연스럽던 무언가가 갑자기 혓바늘처럼 의식되는 것과 다르지 않았다. 때마침 김선우의 시집 『내 혀가 입속에 갇혀 있길 거부한다면』(2000)이 나와 있었다. "나는 그를 죽이는 중입니다", "나는 또한번 그를 죽였습니다.// 나를 고소할 수 있는 법정은 어디에도 없습니다 내 혀는, 그의 입속에, 비굴하고 착하게 갇혀 있으니까요"라는 충격적인 진술들에서 무슨 일인가 일어나고 있다는 강한 예감이 그 순간 불

끈 솟았던 것은 분명하다. 이젠 그 이전으로는 돌아
갈 수 없는 것이다.

교양 있는 민주시민들

21세기에 돌아보는 20세기는 어떤 시대였던가?

20세기를 산 기성세대에게 익숙한 신동엽의 시에서 대통령은 자전거를 타고 시골길을 달린다. 신동엽의 「산문시 1」(1968)에는 "스칸디나비아라던가 뭐라구 하는 고장"의 "아름다운 석양 대통령이라고 하는 직업을 가진 아저씨"가 등장한다. 그곳에서 대통령은 "자전거 꽁무니에 막걸리병을 싣고 삼십 리 시골길 시인의 집을 놀러" 간다. 1960년대 대통령에 대한 이상화된 이미지는 자전거, 막걸리병 그리고 시인으로 집약되는 것이다.

이 시에는 지금까지 대중들의 상상계로 이어져 온 이상적인 대통령 이미지와 함께 이제는 빛바랜 추억이 된 시인 이미지도 함께 놓여 있다. 신동엽의 「산문시 1」이 발표된 1960년대에 5·16 쿠데타를 자행한 박정희는 서민적 이미지를 내세워 귀족으로 표상되는 윤보선을 물리치고 대통령 선거에 당선되었다. 박정희는 1963년에 정부의 새 국회의 장으로 "역량이 평가되지 못한 미지수의 인물"이 며 "정치인이라기보다는 학자이며 시인으로 알려 져왔고 정계에서는 9개월 참의원 생활밖에 해 보지 못한" 이효상을 지목한다. 이효상은 릴케 연구의 권위자일 뿐만 아니라 1936년 《가톨릭청년》에 「기적」이라는 시를 발표하고 다수의 시집을 출간한 시인이었다.

신동엽의 「산문시 1」가 재현한 대통령의 시인 친구는 박정희 정부의 파트너 국무총리와 상동성을 갖는다. 이것은 박정희 정부와 시인 신동엽의 공적 발화가 자기 시대 대중들의 상상계에 뿌리를 두고 있다는 데에서 기인한다. "국가의 권리 또는 주권자의 권리는 자연의 권리와 다르지 않으며, 각 개인의 역량이 아니라 마치 하나의 정신에 의해서 인도되는 것과 같은 대중들의 역량에 의해 규정된다."[1] 스피노자의 이러한 사유를 시 읽기에 참조해 보자. 한 편의 시는 단순히 시인 개인의 창의성으로 환원되지 않는 것이다.

대중들의 역량의 한 단면을 비추는 중학 졸업

---

1   베네딕트 데 스피노자, 김효경 옮김, 『정치론』(갈무리, 2008), 62쪽. 번역은 진태원의 견해에 따라 일부 수정했다.

자의 고교진학률을 보면 1961년에 41%, 1970년에는 63%, 1980년에는 82.6%로 급성장한다. 여기에 발맞추어 1970년대 기능직 노동자의 여가활동에서 가장 많은 시간을 차지하는 것은 '신문잡지 보기'와 '독서'를 합친 글 읽기였으며[2] 1980년대 익명의 노동자가 쓴 글에서는 "감시하려고만 하지 말고 인간 대접을 해주세요. 밥이 떡이네요. 잠 좀 자고 싶어요. 일요일날에는 쉬고 싶어요. 교회에 빠지지 않고 가고 싶어요. 책을 읽고 싶어요."라는 문장이 눈길을 끈다. 노동자는 이제 식욕, 수면욕과 함께 문화 향유라는 욕망을 교회와 독서로 표상하게끔 된 것이다. 또한 여성들의 교양 강의 수요가 급증하는데 한 설문조사에서 주부들은 교양 한문을 배우려는 이유를 묻자 '사회생활을 하는 데 불편하다'(43%)와 '독서 등을 통해 교양을 넓히는데 필요하다'(23%)라고 답한다.[3]

대중들의 역량이 정점에 도달하는 시기에 이들은 자신을 교양 있는 민주 시민으로 재현하게 된다. 민족의 참스승 함석헌에게 직접 동양고전을 배

---

2   정현희, 「산업사회와 여가활동: 대기업의 사무직과 기술적 종사자를 중심으로」, 이화여자대학교 석사학위논문, 1980.

3   「30대 주부들 한문 공부 열기」, 《동아일보》 1986년 2월 11일 자.

우는 대중들의 역량을 보여 준 것이 1988년 비문학 최초로 완간된 20권의 함석헌 전집이기도 하다.[4] 전집 출간을 기념해 각종 매체가 앞다투어 함석헌의 일생을 평가하는 자리에서 "일견 종교 강좌와도 같은 그의 강연 내용은 실은 정치·경제·사회·문화에 걸친 장려한 서사시였다."[5]라는 평가는 함석헌을 대한민국 현대사를 증언하는 서사시인으로 재현하고 있다. 대체로 간과되어 왔지만 함석헌과 더불어 사회운동가 문익환 역시 시집을 상자한 시인이다. 이는 박정희가 쿠데타 직후 자신의 책에 시 「국가와 혁명과 나」를 수록한 것과 같은 맥락에 있다.

1970~1980년대 함석헌의 사관을 받아들인 대중들의 상상계는 수난 극복의 역사로부터 성장해 가는 '우리'를 서사시의 주인공으로 재현하고 있다. 대중들의 상상계가 순수한 윤동주의 서정시에서 참여적인 신동엽의 산문시를 거쳐 마침내 역동적인 역사 발전의 서사시로 이행하는 과정을 포착

4   「장자를 배우는 주부들: 함석헌옹의 열강에 "삶의 의미 새삼 되새겨져요"」, 《동아일보》 1984년 12월 24일 자.
5   「횡설수설」, 《동아일보》 1988년 2월 1일 자.

하기 위해 내가 제시하는 개념은 '독서 대중'이다.[6]

현대 사회를 대중 사회라고 하고 대중 매체에 순응하는 수동적인 사람들 일반을 대중(mass)이라고 부른다. 대중은 대량생산 대량소비를 특징으로 하는 현대 사회를 구성하는 대다수의 사람이다. 한편 독서인은 동아시아 전통에서 세습귀족을 대체하는 관료 계급 즉 사대부 계급을 가리키는 말 중에 하나였다. 오늘날 책은 대량생산 대량소비가 가능한 대중매체이자 지배계급의 이데올로기 장치이며 더 나아가 세상을 바꾸는 혁명의 도구[7]일 수도 있다. 대중이면서 독서인인 이중적 정체성을 가진 사람들을 우리는 독서 대중이라고 불러도 좋지 않을까?

독서 대중의 양가성을 두고 일상어로 쓰이는 대중을 탈구축하는 '대중들' 개념과 연결할 수도 있다. 스피노자의 『정치론』에서 multitudo는 자율적인 집합적 주체인 다중(네그리) 또는 대중들(발리바르)로 번역된다. 발리바르의 번역에서 대중들은

6   한국의 독서 대중의 형성으로부터 시민다움의 정치의 가능성을 논의한 연구는 다음을 참조. 김익균, 「독서 대중과 시민다움의 계기로서 릴케 현상」, 《정신문화연구》 2017년 가을호.

7   강성호, 『혁명을 꿈꾼 독서가들』(오월의봄, 2021).

그 자체로 자율적이거나 능동적인 해방의 역량이 아니라 근본적으로 양가적인 역량을 표현한다. 발리바르에 따르면 스피노자는 이러한 이중적인 공포야말로 국가의 평화와 안전을 위협하는 가장 큰 요인이라는 점을 인식했지만, 동시에 이를 완전히 제거하는 것은 불가능하다는 점 때문에 철학적으로 고심했다.[8] 대중들의 양가성이란 대중들의 공포이자 대중들에 대한 공포라는 이중의 명제로 설명된다. 그러니까 폭력에 대해 대중들이 가지는 공포(비겁한 비폭력)가 있고, 또한 폭력에 대항하는 폭력이 낳은 대중들에 대한 공포가 있다.

대중들의 이러한 양가성을 근본 조건으로 인정한다면, 대중들이 처한 "갈등적 상황의 예술"을 대중들의 일부인 바로 우리 자신이 살아내도록 자신을 연마하는 시민다움의 정치가 요청된다. 대중들은 독서 대중으로 거듭남으로써 종말론적인 현대 사회의 공포를 견뎌 낼 수 있다. 그리고 우리 자신에 대한 공포("나는 내가 무섭다")를 넘어서야 한다.

8   에티엔 발리바르, 진태원 옮김, 『스피노자와 정치』(이제이북스, 2005), 264~266쪽 참조. multitudo에 대한 현대적 번역인 네그리의 '다중'과 발리바르의 '대중들'에 대한 비교는 진태원, 「대중의 정치란 무엇인가?」, 《철학논집》 19집(2009), 183~184쪽.

20세기 한국의 역사를 돌아보면 대중들이 '교양 있는 민주 시민'을 자기 표상으로 받아들이는 순간 군사 독재 정부는 용납될 수 없는 모욕적인 정치체가 되며 그때에 비로소 스스로가 서사시의 주인공이 되어 87년 체제로의 이행을 수행했지 않은가. 대중들이 독서 대중으로 거듭나면서 교양 있는 민주시민의 역할을 떠맡는 동안 함석헌을 비롯한 지식인들은 일종의 선지자로 표상되었다. 대통령의 친구이거나 스승인 선지자 시인의 이미지는 「오적」의 시인 김지하, 『노동의 새벽』을 노래한 노동자 시인 박노해에게도 드리워져 있다.

시인의 뒤통수

이제 시인이 대통령의 친구이자 선지자, 스승의 기호였던 시절은 지나갔다. 황병승 현상은 더이상 시인이라는 특별한 기호를 이해할 수 없게 된 21세기에 자신의 실존을 걸어야 하는 대중들의 동요로부터 온다. 황병승이 시를 발표한 시기는 대략 2003년부터 2016년까지다. 황병승의 시를 향한 문단과 학계의 관심은 첫 시집이 출간된 2005년과 두 번째 시집이 간행된 2007년 사이에 단평, 리뷰,

좌담, 평론, 비평 등의 다양한 형식으로 전개되었다. 특히 첫 시집 『여장남자 시코쿠』는 『노동의 새벽』 이후 다시 '시가 있구나' 하는 것을 일깨워 주었다. 하지만 황병승은 2010년을 힘겹게 넘어서며 슬럼프를 호소하고 있었다. 공교롭게도 2000년대 후반은 '시와 정치' 논쟁이 문학의 기능과 역할에 대한 논의로 이어져 나오던 전환기였다. 세 번째 시집 『육체쇼와 전집』(2013)을 뒤로한 채 인간 황병승의 생애는 2019년에 비극적인 방식으로 마무리되었다.

지금에 와서 돌이켜 본다면 황병승이란 우리에게 무엇이었을까?

가장 무난한 답변은 2000년대의 유파 아닌 유파인 미래파를 상징하는 황병승의 이름이 21세기 시인의 새로움의 예로 기능한다는 것이리라. 여기에서 황병승이라는 새로운 시인의 '예'는 역설적이게도 '예외'라는 의미까지 포괄한다고 볼 수 있다. 아감벤은 예가 일반적인 경우에 속한다는 사실을 드러내기 때문에 정작 일반적인 경우로부터 배제되는 역설을 강조했다. 예로 들어진 것은 그 자신의 고유한 기표를 드러내는 동시에 기의를 유예시키기 때문이다.[9] 황병승은 예전과 같은 시인이 존

재하지 않는다는 사실을 각인시키는 예이자 예외
로 돌발한 것이다.

나의 진짜는 뒤통순가 봐요
당신은 나의 뒤에서 보다 진실해지죠
당신을 더 많이 알고 싶은 나는
얼굴을 맨바닥에 갈아버리고
뒤로 걸을까 봐요

나의 또 다른 진짜는 항문이에요
그러나 당신은 나의 항문이 도무지 혐오스럽고
당신을 더 많이 알고 싶은 나는
입술을 뜯어버리고
아껴줘요, 하며 뻐끔뻐끔 항문으로 말할까 봐요

부끄러워요 저처럼 부끄러운 동물을
호주머니 속에 서랍 깊숙이
당신도 잔뜩 가지고 있지요

9   조르조 아감벤, 박진우 옮김, 『호모 사케르』(새물결, 2008),
     66~73쪽 참조.

부끄러운 게 싫어서 부끄러울 때마다
당신은 엽서를 썼다 지웠다
손목을 끊었다 붙였다

백 년 전에 죽은 할아버지도 됐다가 고모할머
니도 됐다가……

부끄러워요? 악수해요

당신의 손은 당신이 찢어버린 첫 페이지 속에
있어요
—— 황병승, 「커밍아웃」

시적 화자 '나'의 "부끄러워요 저처럼 부끄러
운 동물"이라는 진술과 "커밍아웃"이라는 작품 제
목은 그 부끄러움이 육체적이거나 성적인 문제와
연결됨을 암시한다. 커밍아웃(coming out)은 원래
동성애자가 자신이 동성애자임을 다른 사람들에게
공개적으로 밝힌다는 의미다. 논란의 여지가 있지
만 커밍아웃이라는 용어가 가진 특수한 역사성을
탈각시키면서 "당신"이라는 이름의 타인을 향한 나
의 고백 또는 폭로라는 일반적인 의미로 이해할 수

도 있다. 커밍아웃은 한국 사회에서 일상적인 의미로까지 쓰이고 있으며, 정신질환자의 커밍아웃, 탈북청소년의 커밍아웃에 대한 연구도 다수 나와 있는 것이 현실이다. 조심스럽지만 이러한 어법을 따른다면, 한국 시의 전통 속에서 "얼굴을 맨바닥에 갈아버리고" "입술을 뜯어버리고" 말하는 커밍아웃의 강렬함에 비길 수 있는 것은 서정주의 「자화상」, 「문둥이」가 있을 뿐이다.

커밍아웃의 트라우마

황병승 시를 다시 이해하기 위해 한국 시사의 문제적 인물 서정주로 돌아가 보자. 서정주는 "애비는 종이었다/ 밤이 깊어도 오지 않았다"라는 시적 선언을 통해 일본 유학파들이 몰두하던 서정 또는 계급투쟁을 커밍아웃의 수행성으로 가로지른다. 짝사랑하던 신여성 임순득 앞에서는 한낱 문둥이로서 자신의 정체성을 재인지한다. 서정주는 자기 자신에 대해 추호도 부끄러움은 없다고 시의 언어로 읊었지만 이후 자신의 커밍아웃을 여러 차례 부인해야 했다. 한국전쟁의 참혹한 체험으로 정신분열을 겪는 와중에도 이때의 커밍아웃이 남긴 트라우마는 지속되고 있었다.

1930년대 신세대 서정주는 등단 이후 "서정주 씨의시는 어느 육체적진솔을 그냥담은듯 무엇인지 징그러울만치 우리에게 육박해오는것이 있다."[10]라 거나 "서정주의 박력잇는 시는 그 생활이 낫아주는 것"[11]이라는 진술에서 보듯이 시와 육체, 시와 생활 의 일치를 지향하는 '예술로서의 삶'으로 주목받게 된다.[12] 그러나 단 한 치의 거짓도 없는 시에 대한 시인의 열망은 잘 알려진 예술가들의 일생에서 자 주 보아 왔듯이 파국으로 이어지기 쉽다.

고통스러운 역사를 맨몸으로 건너야 했던 청 년 시인은 트라우마 이후를 견디고 살아 내기 위 해 더욱 시를 필요로 하게 된다. 해방 이후 서정주 를 괴롭힌 것 중의 하나는 자신의 삶과 예술을 '혈 통'으로 박제한 문학사였다. 대한민국 정부 수립 직 후인 1949년 백철의 『조선신문학사조사』는 1930

---

10   박용철, 「정축년회고 시단」, 《동아일보》 1937년 12월 23일 자.

11   서정주, 「시단의 3세대」, 《조선일보》 1940년 8월 5일 자.

12   재커리 심슨은 예술작품과 다른 자율성을 갖는 삶-예술을 검토 하면서 "이러한 예술로서의 삶이라는 '틀린' 것일 수도 있는 영 역은, 실제로 새로운 통찰과 제안이 가장 잘 발견될 수 있는 장 소"라고 규정한다. 재커리 심슨, 김동규·윤동민 옮김, 『예술로 서의 삶』(갈무리, 2017), 9쪽 참조.

년대 신세대의 작품을 다루면서 이렇게 기록한다. "서정주가 그 시속에서 상놈을 자랑하는 것은 작시의 논리와는 아무 관계가 없는 것이라고 김종한이 시단 시평에서 지적했지만 실제는 결코 무관계한 것이 아닐 것이다. 논리 대신에 하나의 생리가 거기서 왔다." 여기에는 서정주의 커밍아웃을 역사화하는 당대의 엘리트 문학자의 태도가 뒤얽혀 있다.

대지주 김성수 집안에서 일하는 서정주의 아버지가 그 자제들에게 하대를 듣는 것을 보며 자란 서정주의 트라우마는 1929년의 광주학생의거에 주동자로 퇴학을 당했을 때의 회고 속에서 아버지의 입을 빌려 드러낸다.[13] "정주야, 말해 봐라, 네가 무엇이 억울해서 그러는지 나도 알아야 할 것 아니냐? 내가 김성수 씨네 집 농감(農監) 노릇하는 것이 창피해서지? 아니냐? 말해 봐, 그렇다면 나는 당장에 네 말대로 다 치워 버리겠다. 명년에는 고창으로 이사 가서 너를 거기 고창고등보통학교에 넣게 해볼 테니 공부해 볼래."[14] 또한 18세의 서정주가 김성수에게 문안 인사를 하러 가기 싫어하

13   서정주, 「동아일보사와 나」, 『미당 자서전 2』(민음사, 1994), 208쪽.
14   서정주, 『미당 자서전 1』(민음사, 1994), 361쪽.

는 내면의 고백에서도 나타난다.[15] 한편 「오해에 대한 변명」[16]은 자신을 유럽의 전설적인 도둑 시인에 비견해 '조선의 비용'이라고 추켜 줬던 최재서의 글을 사후적으로 부정하고 있다. 이러한 '변명' 이전에 이미 항상 서정주의 귀에는 비용이라는 조롱이 환청으로 들리고 있었다. 한국전쟁 직후 발표한 산문 「민족과 인류에게 보내는 긴급광고」는 다니엘 파울 슈레버의 망상에 비견되는 전후 한국인의 정신 풍경으로도 보인다.[17] 서정주는 '독심기'가 자신의 몸에 심어져서 'UN군사령부장'보다 높은 자에게 의식을 점령당하고 있다고 잡지에 호소했던 것이다.

최근 5~6년간 불법적 과학력인 독심기에 의해 1초도 빠짐없이 공중으로부터 의식을 점령당해 가진 협박과 모략과 허위 중상 등을 당해온 데 대해서는 이미 이 《현대문학》 제2호와 《동아일보》 등을 통해

---

15 서정주, 『미당 자서전 2』(민음사, 1994), 208~209쪽.
16 서정주, 「오해에 대한 변명」, 《현대문학》 1958년 5월.
17 다니엘 파울 슈레버가 극심한 편집증적 망상에 시달리며 자신의 신경병 증상 내용을 소상히 기록한 글은 정신의학, 정신분석학 분야에서 중요한 자료로 다뤄지고 있다. 다니엘 파울 슈레버, 김남시 옮김, 『한 신경병자의 회상록』(도서출판b, 2024).

그 반대의사를 표명해온 바 있으나 조금토록 이를 해제치 않을 뿐만 아니라 점차 그 질적 악력을 더 해 병을 작성하고 무형의 살해를 도모하고 있는 현상에 이르면 침묵하고 있을 수 없어 이 사실을 여기 또 한번 광고하여 중외의 인지에 호소하여 이 우리의 좋은 하늘을 어지럽히고 인심을 소란케 하는 악력의 주류을 동의하는 바이다.[18]

「자화상」의 절창을 낳았으면서 동시에 자신의 대표작에서 그것을 끊임없이 밀어내게 했던[19] 서정주의 혼동된 시적 정체성은 시적 혁신성과 복잡한 관계를 맺는다. 서정주의 절창은 민중성에 대한 자긍심으로도, 미적 혁신에 대한 귀족적 자부심으로도 설명할 수 없다. 1930년대 신세대 서정주의 새로움을 두고 임화는 이렇게 규정했다. "현대에

18   편의상 산문으로 분류하지만 서정주의 부기에 따르면 이 글은 시 청탁을 받고 쓴 것으로 보인다. 서정주, 「민족과 인류에게 보내는 긴급광고: 한국의 하늘과 인심을 불법점령하는 독심기의 행패에 대해서」, 《현대문학》 1956년 1월, 144~146쪽.

19   서정주의 「자화상」은 『서정주 시선』(1956)에 수록되지 않았다. 스스로 편집한 『현대조선명시선』(온문사, 1950)과 자선시 수록이 원칙인 『시집』(임학수 편, 한성도서주식회사, 1949), 자선시 31편을 수록한 『현대시집 3』(정음사, 1950)에도 누락되어 있다.

밖에 살 곳이 없음에 불구하고 날마다 그의 마음을 사로잡는 것은 현대로부터의 별리다. 이 모순 가운데서 그들은 자기의 생의 지표를 세우는 것이다."[20] 임화의 진술은 1920년대에 자신의 정체성을 이행의 신화 속에서 구성한 엘리트들로서는 도달할 수 없었던 한계 너머에 대한 발견이었음에 틀림없다.

항문은 무덤인가

21세기 들머리에 서정주에 비춰 보는 황병승의 새로움은 시적 선언에 독특한 부끄러움이 동반한다는 것이다.

황병승의 부끄러움은 윤동주의 「서시」에서 도덕적 주체가 운위하는 성찰적 부끄러움과는 근본적인 차이를 갖는다.[21] 민중의 시대에 서정주가 부끄러움을 모르는 불치(不恥)의 시인으로 낙인찍혔던 것과 대조적으로 윤동주의 부끄러움은 정치적 억압에 의해 분열적 자의식을 표출하던 1980년대

---

20   임화, 「현대의 서정정신」, 《신세기》 1940년 12월, 71~73쪽.
21   황병승 시의 부끄러움을 윤동주 부끄러움과 연결지으려는 입장에 대해서는 다음을 참조. 권온, 「황병승 시의 '부끄러움' 연구: 리터러시 심화의 관점에서」, 《한국시학연구》 81호(2025).

의 시들과 뜨겁게 악수할 수 있었다. 한편 황병승 현상의 새로움은 주체가 되는 것이 불가능한 존재와 그를 그렇게 몰아넣은 극단적 폭력을 직격하고 있다. '나'를 대표하는 신체 영역은 인간의 존엄성의 알레고리인 "얼굴"이나 "입술"이 아니라 "뒤통수"이고 결국은 "항문"이기 때문이다. 그럼에도 불구하고 '나'는 "당신"과의 소통이나 교류 또는 연대를 꿈꾼다. "부끄러워요? 악수해요"라는 이 시의 후반부 진술은 "당신"도 갖고 있을 부끄러움을 공통 지반으로 한 만남을 지향하고 있다는 점에서 가슴 뭉클하다.

황병승은 분명 2003년 등단 이후 10여 년 동안 한국 시의 현장에 늘 센세이셔널한 반응을 불러일으켰다. 당시에는 동성애와 에이즈를 아름답고 슬픈 것으로 재현하는 문화 콘텐츠가 유행하고 있었지만 이 둘의 절합인 동성애 혐오는 상대적으로 주변화되어 있었다. "나의 또 다른 진짜는 항문이에요/ 그러나 당신은 나의 항문이 도무지 혐오스럽고"라는 시적 진술은 2000년대에 가시화되지 못하고 있던 대중들의 상상계를 재현한다는 점에서 폭발력이 있다.

세계적으로 에이즈가 동성애 혐오의 기폭제가

된 것은 1980년대 후반이다. 미술 잡지 《옥토버》의 1987년 에이즈 특집호 '에이즈: 문화적 분석/문화적 행동주의'는 에이즈 위기와 에이즈 운동을 비판적으로 분석하고 이론화한 대표적인 작업이다. 에이즈 담론에 대한 초기 연구자인 폴라 트라이클러, 사이먼 와트니 등의 글과 함께 실린 이론가 리오 버사니의 유명한 논문 「항문은 무덤인가?」는 황병승 시의 지성사적 배경을 이룬다. 리오 버사니는 호모섹슈얼리티의 부정적이고 반규범적이고 일탈적인 속성이 좋은 시민이라는 정치적 수사에 투항하는 것을 경계하며 '동성애자는 좋은 시민이어야 하는가?'라는 질문으로 정상성에 대한 강박을 심문하고자 했다.[22] "당신을 더 많이 알고 싶은 나는/ 입술을 뜯어버리고/ 아껴줘요, 하며 뻐끔뻐끔 항문으로 말할까 봐요"라는 시적 진술의 폭발력이 의미하는 바는 자명한 것이다.

　한국이 군사독재 체제를 벗어나 87년 체제를 운위하게 되고 그 이후 IMF의 위기 속에서 최초의

22　Leo Bersani, "Is the Rectum a Grave?", *October*, vol.43 (1987); Leo Bersani, *Homos*(Cambridge: Harvard University Press, 1995); 인아영 외, 『크리티컬 포인트』(문학동네, 2024).

정권 교체를 이뤄 내면서 민주화 이후의 민주주의가 화두가 된 2000년대에 소수자들의 목소리를 들려주는 것은 당위였다. 대한민국 최초의 퀴어문화축제는 2000년 서울에서 시작되었고 홍석천이 연예인 최초로 커밍아웃을 선언한 것도 그해 9월 26일이었다. 홍석천은 방송 출연이 금지되었지만 우여곡절을 거치면서 차츰 수용될 수 있었고 2007년 예능 프로그램 '라디오스타' 출연을 계기로 지상파 방송금지는 해제되었다.

하지만 홍석천의 방송 복귀가 문제 해결의 첫걸음에 불과하다는 엄연한 진실이 증상적으로 드러난 것은 역설적이게도 진보 정치인 노회찬의 말실수였다. 2009년 5월 15일 MBC 100분 토론에서 노회찬은 '진보와 보수라는 정체성이 쉽게 바뀌지 않는다'는 취지로 "국민다수가 성 전환하는 것은 곤란하지 않은가."라고 발언해서 충격을 주었다. 노회찬은 성소수자 문제에 전향적인 태도를 보였던 정치인이라는 점에서 이런 말실수야말로 담론은 개인의 의도를 넘어선다는 점을 드러낸다고 하겠다.

극단적 폭력과 시인

근대 시인은 다양한 층위로 분화되어 있다 해도 언제나 대중들의 상상계에서 우러러볼 선지자의 위상을 차지해 왔다. 대중들의 역량은 항상 능동성과 수동성의 갈등적인 경향 속에 들어 있으며, 항상 희망과 공포의 정서적 동요를 보여 준다. 이는 대중들의 역량이 제도적인 매개를 요구한다는 의미다. 이때 매개란 자생적으로는 정념적이고 갈등적인 존재들인 이들이 마치 이성적인 존재자가 행위하듯이 국가의 보존을 위해 행위하도록 인도하는 일이다.[23]

21세기는 역사의 진창을 헤매는 대중들이 바라다볼 하늘의 별과 같은 시인들의 성좌적인 운동이 파탄 나고 디오니소스 신의 몸이 갈갈이 찢겨져 벌판에 흩뿌려진 시대다. 그러나 시인은 죽지도 않고 사라지지도 않았다. 동요하는 대중들의 길을 이끄는 존재가 아니라 발목을 붙드는 타자의 이름이 되어 때론 짓밟히면서도 반딧불처럼 우리 곁을 함

---

23   진태원, 「대중의 정치란 무엇인가?」, 《철학논집》 19집(2009),
        187쪽.

께 헤매는 것은 시인이었다.

미래파 시가 "진정한 자아를 끝내 찾지 못한 이의 비극적인 우울의 전경"[24]이라고 규정하는 긍정론이나 미래파의 "이기적 자폐성"[25]에 대한 비판론은 모두 "나의 진짜"를 시인 개인의 문제로 환원하는 측면이 있다. 황병승의 '고백'은 시적 자아로부터 탈주하는 시적 주체가 얻는 것을 '재미'로 표상하고 있다. 해체와 분열을 거듭하며 "백 년 전에 죽은 할아버지도 됐다가 고모할머니도 됐다가" 하는 타자 되기는 재미가 있는 일이다.[26]

　　　이렇게 큰 풀밭에서 서로의 길고 짧은 꼬리가 되어
　　　단단한 파이프에 불을 붙이면 하아 잎 타는 냄새가 좋아
　　　날개를 파닥거리며 불을 연주하는 나방들

24　　강동호, 「파괴된 꿈, 전망으로서의 비평」, 《문학과사회》 2013년 봄호, 357쪽.

25　　고봉준, 「개인이라는 척도, 혹은 '나'라는 자폐적 이기성」, 『다른 목소리들』(소명출판, 2008), 218~219쪽.

26　　미래파 논쟁의 단초를 제공한 권혁웅 역시 미래파의 새로움을 한마디로 재미라고 표현했다. 권혁웅, 「미래파: 2005, 젊은 시인들」, 《문예중앙》 2005년 봄호, 66~84쪽.

중절모를 물고 꽃밭을 달리는 세퍼드들

체크를 외치면, 한 사람씩 가라앉는 거야

— 황병승, 「핑크트라이앵글배(盃)

소년부 체스 경기 입문(入門)」 부분

　　동성애 운동과 게이 프라이드의 상징 마크, 그
러니까 "핑크트라이앵글"의 아우라로 가득 찬 퀴
어의 세계가 주는 쾌락은 이때만 해도 매우 전도
유망한 것이었다. 체스 경기를 하고 있는 소년들은
황병승이 말하는 '내 안의 타자들'을 상징한다. 이
러한 타자들은 시의 정통적인 방식과는 다른 방식
들에 의해 나올 수 있었고 이 타자들이 다른 방식
을 끌어내기도 한다.[27] 하지만 이 타자들의 끝없는
목록에 드리운 우울에 의해 "체크를 외치면, 한 사
람씩 가라앉는" 쓸쓸한 저녁의 소년들은 "고리타
분한 백성들이여, / 기절하라! 단 몇 초만이라도/
내가 뭐, 라는 말밖에 나는 할 수가 없구나"(「왕은
죽어가다」)라고 말끝을 흐리게 된다.

　　문학은 진리가 드러나는 장소로 신비화되기보

27　다음의 책은 김행숙이 만난 시인들의 육성을 들려준다. 김행숙,
　　「천 개의 서랍: 황병승」, 『마주침의 발명』(케포이북스, 2009).

다는 사변적 진리의 맹목을 드러내며 철학에게 자극과 통찰, 동력을 제공하는 비철학적 사유로 볼 필요가 있다.[28] 문학작품은 그 자체로 통일성을 갖추고 있다기보다는 공백을 내장하고 있다가 사회적 현실의 온전한 인식, 즉 과학이나 철학이 생산한 담론의 맹목을 드러낸다. 철학이 사변적 인식, 과학이 객관적 인식을 대표한다면 문학은 균열과 공백의 인식을 대표하는 형식이라고 할 수 있다. 문학작품이 생산하는 균열과 공백에 그 주체성이 거처한다. 문학작품의 주체성은 심리적이고 경험적인 개인인 저자로 환원되지 않으면서 스스로 균열을 변용의 힘으로 작동하게 한다. 그 힘이란 예견할 수 없다.

이쯤에서 우리는 하나의 질문을 만난다. 철학이나 과학의 타자로서 고유한 물질성을 갖는 문학에는 타자가 존재할 수 있는가? 문학이란 분명히 고유한 생산성을 갖는 역량이자 일종의 폭력이기도 하니 말이다.

『여장남자 시코쿠』 이후 황병승의 시적 주체

---

28   진태원, 「피에르 마슈레와 문학적인 철학」, 《인문논총》 60집
      (2008): 피에르 마슈레, 서민원 옮김, 『문학은 무슨 생각을 하는
      가』(동문선, 2003).

는 차츰 여성혐오적인 정동을 발현했고[29] 시인 자신이 문단 미투 사건의 한가운데로 걸어 들어갔다. 2009년 발생한 용산 참사의 영향으로 2010년대의 시와 정치 논쟁은 2000년대 시의 정치성을 새롭게 정립하려는 시도들로 이어졌다. 2014년의 세월호 참사는 문학의 재현 가능성에 대한 문제를 촉발했으며 2015년의 신경숙 표절 사건을 거쳐 마침내 2016년 문단 내 성폭력 사건이 터졌을 때 2010년대 문학장은 크게 요동을 쳤다. 황병승은 이러한 지평의 변화 속에서 무너져 내렸다.

21세기의 새로움의 예이자 예외인 시인 황병승과 그의 시는 폭력의 문제에 대한 근본적 질문을 던짐으로써 불멸이 되었다. 시가 어떻게 폭력일 수 있는가? 이러한 질문을 던진 황병승은 비극의 처음도 아니고 그 마지막도 아니다.

커밍아웃을 하는 황병승의 시적 주체는 대중들의 역량이 정점에 이르렀을 때 형상을 가지게 된 개인이다. 개인은 관개체적 존재다. 개인은 이미 항상 다른 개인들과 맺고 있는 관계의 총화인 것이

---

29   황병승 시적 주체의 신경증적인 연애 양상에 대한 자세한 분석은 다음을 참조. 오경은, 「황병승 시 연구」, 고려대학교 석사학위논문, 2016, 36~58쪽.

다. 한편 대중들이 알고 있는 폭력에 잠식되지 않는 개인의 얼굴을 그려 보여야 하는 것은 바로 시인 자신이었다. 어렵사리 이루어진 2000년대의 커밍아웃은 시 쓰기의 차원에서는 손쉽게 '재미'로 넘어갔고 학술 연구와 비평의 차원에서는 리좀적인 시적 주체[30]가 갖는 위험성에 개입하는 데 실기했다.

우리 모두가 맺고 있는 관계의 총화가 폭력적일 때 폭력으로부터 탈주하는 것은 물론 숭고한 실천이었다. 들뢰즈의 시각에서 대중들은 소수자들이거나 소수자로-되기의 과정들이다. 하지만 이러한 소수자로-되기의 과정 속에서 시인이 어떻게 자기를 지켰고 어떠한 주체로 자기를 이끌었는지 묻는 것은 늘 어려웠다. 혹은 그것이 가능하기 위해 필요한 독자의 개입은 어느 수준에서 이루어졌던가?

발리바르가 지적하듯이 집단들의 형성과 변형을 꾀하는 모든 운동은 양날의 무기다. 들뢰즈로 대표되는 소수자로-되기 전략은 마르크스의 이름

---

30   김민경, 「한국 현대시의 환상성 연구: 황병승, 김민정, 이민하를 중심으로」, 한국교원대학교 석사학위논문, 2013 참조.

으로 취해지는 다수자로-되기의 전략과 마찬가지로 각자의 극단적 폭력을 수반한다.[31] 따라서 소수자로-되기와 다수자로-되기는 양자택일할 수 있는 대상이 아니며 선택은 정세의 문제이거나 정치적 기술의 문제이며 궁극적으로 그것은 시 또는 예술의 문제일 것이다.[32]

　　황병승의 시는 민주화 이후의 민주화 시대에 대중들의 동요를 가로지르며 '우리'를 격동시켰다. 구조적 폭력으로 환원되지 않는 극단적 폭력에 맞서 탄생했던 만큼 황병승의 시는 그러한 폭력에 너무 근접했고 계속 잠식당하고 있었다. 오늘날 다수의 주체가 연루된 인종 청소, 빨갱이 사냥, 지역감정, 가난 멸시, 여성 혐오, 동성애 혐오 등은 대중들이 차별과 배제의 일부가 되어 있음을 의미한다. 우리 사이를 가로지르는 증오의 경계들에서 폭발하는 폭력은 시의 이름으로도 자행될 수 있다. 그런 의미에서 시는, 예술은 내전으로부터 우리가 지켜 내야 할 전장이기도 하다.

31　서관모, 「시민윤리성의 정치에 대하여」, 《사회과학연구》 30권 1호(2013), 92쪽.

32　에티엔 발리바르, 서관모·최원 옮김, 『대중들의 공포』(도서출판 b, 2007), 69~72쪽.

6장

아직 죽지 않음

— 황인찬, 「미래 빌리기」
— 차도하 「나의 사물됨」

요즘 제일 뜨거운 세대론은 40대를 타깃으로 하는 '영포티' 담론이라는 이야기를 듣는다. 영포티란 '젊게 사는 중년'을 추켜세우다가 조롱하는 말이 되었다. 마침 나는 40대의 길고 어두운 터널을 통과해 50대에 진입했기에 약간 강 건너 불구경 하는 마음으로 바라보게 된다. 내게 40대는 생활세계의 차원에서는 경험되지 않은 시절인 것 같은 느낌이 더 크다. 서른을 갓 넘겼을 때 교보문고에서 마주친 고등학교 동창에게 나는 너무 오래 산 것 같다고 얘기했던 기억이 있다. 그 후에 아내를 만나 가정을 꾸리게 되고 늦깎이 문학도가 되었지만 항상 과분한 행복감과 이만하면 충분히 살았지 않은가 하는 의문이 함께 따라다녔다.

그러니 40대에 시를 읽는 일은 내게 이 지나친 행복을 질책하며 생활세계의 중력을 되돌려 주는 농축된 경험과 다름없었다. "물가의 식탁/ 초로의 남자와 여자/ "그때는 잘 나갔지 뭐, 한 달에/ 백오십만원씩 꼬박꼬박 받았으니까."/ 호기로운 목소리의 남자/ 고개를 주억거리는 여자/ 철썩 철썩 철썩/ 호수가 파도친다/ 모터보트가 지나간 한참 후까지"(황인숙, 「관광」). 호기로운 목소리의 남자도 고개를 주억거리는 여자도 철썩 철썩 철썩 파도치는 호수의 잔물결 하나로 살았으면 충분하지 않을까. 시를 읽다 깜빡 지나친 40대, 고개를 들어 보니 초로의 남자와 여자의 눈과 귀에 청년들의 소리 없는 아우성이 들려온 지도 한참인 걸 알겠다.

능력주의 비판 너머

2010년대 후반 최순실 사태, 조국 사태, 인천공(인천국제공항공사) 사태가 있었다. 공정을 둘러싼 논란을 계기로 능력주의 비판이 제기된 것처럼 보였지만, 훨씬 이전부터 능력주의를 비판했던 것은 페미니즘이었다.[1] 엄혜진은 1990년대 한국의 사례를 검토하며 "여성의 임금이 남성의 70퍼센트

수준이라는 지표"와 "고등교육 이수율에 있어서는 남녀 격차가 없을 뿐 아니라 심지어 여성이 앞서기도 한다는 지표"를 마주치게 한다. 같은 수준의 교육을 받은 남녀 간 임금 격차가 존재한다. 능력주의는 남성과 여성에게 동일하게 작동하지 않는다는 것이다.[1]

이러한 논지에 따르면 남성과 여성의 교육 수준이 대등해진 상황에서 폭발한 1990년대의 군가산점 논란이 능력주의 담론의 기원이다. 군가산점 제도는 7급과 9급 공무원 채용에 적용되었는데, 시험 합격점이 높아지자 군가산점을 받지 못한 여성, 장애인, 병역법을 통과하지 못한 남성 등의 권리를 침해하는 것으로 드러났다. 헌법재판소의 위헌 결정에 따라 군가산점제가 폐지되자 남성의 권리를 빼앗겼다는 역차별 논란이 일었다. 이러한 역차별 논란에 대해 엄혜진은 징병제가 이미 남성 중심적 시민 모형을 기반으로 구성되었다고 지극히 타당하게 지적한다.

그런데 이런 논의는 능력주의가 낳은 부정의

1   엄혜진, 「능력주의는 어떻게 구조적 성차별과 공모하는가」, 『디지털 시대의 페미니즘』(한겨레출판, 2024), 225~264쪽.

의 출발점을 지워 버리는 경향이 있다. 먼저 남성과 여성의 고등교육 이수율이 차이가 없어진 이면에는 교육에서 계급·계층 차이가 고착화된 현실이 있다. 상층의 여성이 남성과 동등하게 고등교육을 이수하는 동시에 하층에서는 남성과 여성이 평등하게 머물게 되어 격차가 벌어진 것이다. '지잡대'라는 신조어가 이 무렵 만들어졌다는 것은 암시하는 바가 크다. 또한 1990년대에 군가산점 제도가 문제로 떠오른 것은 고등교육 이수자들이 7급과 9급 공무원 시험에 몰려들어 합격 점수가 만점에 가까워졌기 때문이다. 그렇다면 이 사태의 피해자는 기존의 저학력 이수자들, 고졸자를 비롯한 다양한 교육제도의 취약계층이 아닐까? 페미니즘을 비롯한 다수의 능력주의 비판이 이 점을 괄호 치고 있었다는 것은 증상적이다.

1990년대에 젠더 갈등을 통해 능력주의의 문제점이 이미 드러나 있었지만 2010년대 후반까지도 교육제도의 취약계층은 구제되지 못했다. 각자가 정당성을 가지는 불평등 담론, 계급적 관점, 페미니즘의 비판은 평행선을 이룬다. 발리바르에 따르면 서로 다른 폭력들은 서로 간에 교통 불가능하다. 폭력은 적대적인 힘 또는 이해 관심의 표현이자, 양립할 수 없는 담론들의 표현이기도 하다. 이러한 폭력 고유의 교통 불가능성으로 인해 해결할 수 없는 쟁론이 남겨지고, 각자에게는 각자가 폭력이라 부르는 무언가가 남는 것이다.[2] 2010년대 문학을 특징짓는 시와 정치 담론에 대한 환멸이 오늘의 세계에서 공통감각일 때[3] 여기에는 지식인의 폭력에도 책임이 있다.

한국 사회 능력주의 논쟁의 전조가 군가산점 논란으로 나타났다면, 2010년대 문학장에서 시와 정치 담론은 일련의 페미니즘 리부트 현상의 전조였다. 이는 'K-문학'이 내장한 여성혐오를 문제화하는 데로 이어졌고 더 나아가 페미니즘 진영이 내세우는 '여성'이 소수자를 대표해도 되는가에 대한 심문으로까지 이어지고 있다.[4] 이것은 중심 없는 민주주의를 지향하는 과정에서 반드시 만나게 되는 주체의 문제를 생각하게 한다.

2 에티엔 발리바르, 배세진 옮김, 「지식인들의 폭력」, 『개념의 정념들』(후마니타스, 2025), 394쪽.

3 장이지는 2010년대 문단이 "미래파와 시와 정치 두 담론에 대한 일종의 환멸 속에서" 등장한 것이라 주장한다. 장이지, 「탈정서적인 경향과, '주체'의 문제: 2008년 이래의 시적 현상들에 대한 반성적 고찰」, 《실천문학》 2015년 봄호, 34쪽.

4 전승민, 『퀴어 (포)에티카』(문학동네, 2024), 57쪽.

너무나 많은 주체를

2010년대 시와 정치 담론은 더 적은 주체의 생활세계를 가시화하려는 지금 여기에서 더 넓은 시야를 요구받는다.

정치적 주체의 형성 원리를 제시하는 랑시에르는 우리가 정치라고 생각해 오던 것이 사실은 치안이었으며 정치는 곧 주체화라고 주장한다. 주체화란 곧 주체화 과정이다. 고대 그리스에서 데모스라는 정치적 주체가 형성되고, 19세기 프랑스에서 프롤레타리아라는 근대적 주체가 형성되었다. 19세기 후반에는 여성이라는 또 다른 주체가 대두했고 최근에는 경계를 넘는 이주자와 소수자라는 새로운 주체가 나타나고 있다. 랑시에르는 이러한 주체화 과정이 하나의 자기가 아니라, 하나의 자기와 타자 사이의 관계인 하나를 형성하는 것이라고 말한다.[5]

정치가 언제나 몫을 나누는 문제일 때, 어떤 공동체를 구성하는 개인들이나 집단들에게 돌아갈 몫의 분배를 규정하는 것은 아르케(arkhe)의 논

---

5   자크 랑시에르, 양창렬 옮김, 『정치적인 것의 가장자리에서』(길, 2013), 118쪽 참조.

리다. 그리스어로 시초, 원리, 지배 등을 뜻하는 아르케에 따라 혈통이 비천하고 나이가 적거나, 가진 게 없고 지식이 모자란 사람들은 더 적은 몫을 가질 수밖에 없다. 고대 그리스에서는 여자, 노예, 외국인은 아예 셈에서 배제되었다. 아르케의 논리는 우리가 보통 정치 공동체라고 부르는 것을 근거 짓는다. 그런데 "어떠한 사회 질서도 자연에 근거를 두고 있지 않으며, 어떠한 신의 법도 인간 사회를 질서 짓지 않기 때문"[6]에 이미 주어진 공동체의 몫을 받아들이는 것은 언제나 잘못이자 손해(tort)가 된다. 따라서 몫 없는 이들의 몫을 찾는 정치는 그 토대에서부터 있어야 할 것이 빠져 있는 정치 공동체의 본질을 이룬다. 그렇다면 부자들을 포함해 이 사회의 '갑'들이 지지하는 지배의 논리는 언제나 반(反)정치적인 정치성을 따라 형성되는 '갑질'인 것이다.

문제는 랑시에르가 제시한 대로 정치적 주체를 옹호할 때 우리가 너무나 많은 정치적 주체들과 대면하게 된다는 데 있다. 정치적 주체는 모두 자신을 공동체 전체라고 말할 수 있다. 2010년대의

---

6   자크 랑시에르, 진태원 옮김, 『불화』(길, 2015), 45쪽.

메갈리아가 정치적 주체라고 주장하는 이들에게 '그렇다면 일베도 정치적 주체냐'라는 질문이 쏟아졌던 것은 이 때문이다.[7] 물론 '메갈리아는 정치적 주체이지만 일베는 그렇지 않다'고 제 나름대로 설득하는 일은 가능해 보였지만 그것은 다시 아르케의 논리로 되돌아가는 일이지 않은가. 랑시에르는 주체화라는 이름 아래 분출하는 투쟁들의 고유성과 이질성만 강조했지 그러한 투쟁들이 어떻게 서로 연대를 형성하고 결속할 수 있을지 말하지 않는다. 정치적 주체화란 곧 정치적 공동체의 설립이라는 등식은 지금 이 순간에도 도전받고 있는 것이다.

2010년대 능력주의와 헬조선 담론이 누칼협('누가 칼 들고 협박했나?'를 줄인 말로, 무엇이 되었든 네가 결정한 네 책임이라고 덮어씌울 때 쓰인다.)의 냉소로 터져 나온 것은 한국 사회의 구조적 폭력에 대한 개혁이 막혀 있기 때문이라는 설명은 설득력이 있다.[8] 이는 1990년대에 이미 예고된 일이다.

---

7   손희정, 「디지털 시대, 고어 남성성의 등장: 사이버 레커와 디지털 여성살인」, 한국여성학회 기획, 『디지털 시대의 페미니즘』(한겨레출판, 2024), 46쪽.

8   김학준은 연대할 수 없는 '지옥불 반도'의 감정적 메커니즘은 결국 아무도 옴짝달싹할 수 없게 만든 이곳의 계급 구조라고 지적한다. 김학준, 「질식의 예감」, 《문화과학》 2016년 봄호.

군가산점 문제를 교육제도 취약계층 문제의 증상으로 볼 수 없었던 무능력은 몫 없는 이들의 몫을 즈려밟고 있다는 사실을 인지하는 것조차 실패했다. 이러한 '질식의 예감' 속에서도 소수자들이 주체가 되는 정치 공동체를 형성하기 위한 근본적인 과제는 그러한 지배 구조를 지탱하고 또한 확산하는 소수자들 사이의 반목적 갈등 관계를 연대 관계로 전환시키는 데 있을 것이다. 이는 최근 12·3 친위 쿠데타로 인한 내란의 와중에서 농민들과 청년 여성들의 연대인 '남태령 대첩'에 의해 잠시 드러났던 연대다.[9]

오늘날 연대로 이어지지 않는 소수자들의 웅성거림은 몫 없는 이들의 정치를 불길하게 감싸고 돈다. 삶과 죽음의 갈림길에 선 청년들의 목소리는 아직 살아 있는 이들의 목소리인가, 아직 죽지 못한 이들의 목소리인가? 자살이 사망 원인 1위인 자살 국가 한국에서 얼마 전까지 자살은 10~30대에 집중되어 있었다. 최근에는 40대의 사망 원인도 자살이 1위로 집계되기 시작했다. 청년의 자살은 우리 모두를 죽음의 시선 아래에 두게 만든다.

---

9   변재원, 「우리는 서로의 일부」, 《황해문화》 2025년 봄호.

비인간의 사랑

황인찬의 시에는 죽음의 시선이 있다. 죽음의 체험이 들려주는 이야기를 전해 주는 것이 시적 주체의 숙명처럼 보인다. 시적인 것은 황인찬에게서 죽음에 가장 근접한 비인간의 얼굴로 나타난다.

황인찬의 다섯 번째 시집 『이걸 내 마음이라고 하자』(2023)는 첫사랑의 얼굴을 수줍게 꺼내어 놓는다. 시적 화자의 사랑은 현실에서 용인되지 않는 금지의 사랑, 혹은 비현실적이라고 종종 말해지는 층위의 사랑으로 보인다. 시로 쓰이지 않은 세계에 대하여, 그것의 총체인 '너'에 대하여 화자는 다만 모른다는 겸손한 태도로 그를 사랑한다.[10] 다음 시에서 화자는 비인간으로 자신을 소개함으로써 2010년대의 정세 속으로 걸어 들어온다.

사람이 먼저라고 말하는 사람과
나중이라고 말하는 사람들 사이에서

비인간은 걷겠습니다

10   전승민, 앞의 책, 333쪽 참조.

생각 없이 걷겠습니다.

—황인찬, 「외투는 모직 신발은 피혁」 부분

    2017년 대선 당시 서울에서 열린 민주당 대선 후보 문재인의 '정책공간 국민성장' 포럼 현장에서 충돌이 있었다. 문재인 후보가 마지막 공약인 "넷째, 약자가 안전한 나라를 만들겠습니다."라고 말한 직후, 한 성소수자 여성이 장내에서 일어나 외쳤다. "저는 여성입니다. 그리고 동성애자입니다. 차별금지법에 반대하십니까? 저는 여성이고 동성애자인데 제 인권을 반으로 자를 수 있습니까? 제 평등권을 반반으로 자를 수 있느냐는 말입니다. 유력 대선후보시면 대답을 해 주시란 말입니다. 왜 이 성평등 정책 안에 동성애자에 대한 성평등을 포함하지 못하시는 겁니까?" 이에 문재인 후보가 "나중에 말씀드릴 기회를 드릴게요."라고 답하자 장내의 일부 청중은 "나중에! 나중에!"라고 외치며 박수를 치기 시작했다. 1분여 이어진 '나중에' 박수는 사회자의 정리와 "그래도 말씀하시는 게 목적일 것 아닙니까. 나중에 차분하게 말씀하십시다."라는 문재인 후보의 말로 잦아들었다. 이 사건에 대해 홍성수는 "충격적인 것은 청중이 '나중에'를 외친 것"이라며 "청중끼리 대립하는 모습 자체가 차별받는 소수자들의 상황 자체를 더 극적으로 보여 준 것 같다."라고 평했다.[11]

페미니즘 리부트 시대에 시대극처럼 펼쳐진 '나중에'의 물결 속에서 황인찬은 그러한 시대를 만들어 가는 구성적 외부인 '비인간'의 첫사랑을 모티프로 다양한 시를 내놓고 있다.

안경이 어디 갔느냐고 선생님은 온종일 요란을 떨고 그런 선생님을 보는 나의 마음은 늪의 바닥에 던져진 돌처럼 느리게 가라앉는다

저 사람이 내 미래의 사랑이라니

밤 열두시에 화장실에서 칼을 물고 앉아 거울을 보면 미래의 사랑이 보인다 내가 지난겨울 삶을 그만두기로 결심한 것은 거기서 선생님을 보았기 때문

11   박소영, 「성소수자 인권은 '나중에'? 문재인 페미니스트 선언 현장서 무슨 일이」, 《한국일보》 2017년 2월 17일 자.

누군지 모르지만 미안합니다 나는 안경이 없으
면 아무것도 볼 수가 없어요 선생님은 나를 보며 떠
들고 나는 괜찮다고 한다

안경이 없어도 수업은 평소와 다름이 없네
다들 선생님을 보며 그런 생각을 하고

삶을 그만두기로 결심하고도 삶은 달라지지
않네
선생님을 보며 내가 떠올린 생각은 교실의 바
닥에 고이고 썩어 물처럼 흐르고 있었다

집으로 돌아가는 길에는 안경을 밟고 버렸다
사랑은 지옥이네, 그런 생각도 하면서
— 황인찬, 「미래 빌리기」

「미래 빌리기」에서 시적 화자 '나'는 안경 낀
근시 "선생님"에게서 자신의 "미래의 사랑"을 발견
한다. 그것은 곧 "사랑은 지옥"이라는 깨달음이다.
"사람이 먼저라고 말하는 사람과/ 나중에라고 말
하는 사람들 사이에서" '비인간'은 몫 없는 이, 사
람 아닌 사람이다. 비인간으로서 배제된 채 포함된

자리는 이미 항상 잘못이며 그런 공동체의 잘못에 의해서 삶은 "지옥"이 된다.

여기에서 주목할 점은 시의 배후에 있는 것으로 추측되는 퀴어라는 하나의 사상 체계가 아니라, 담론에 내적인 거리로 도입되는 시라는 발화 형식이다. 이 시라는 형식으로부터 우리는 보는 행위가 미래 또는 타자의 "안경"을 빌려서 이루어진다는 점을 알게 된다. 보는 행위는 사유와 저항의 가능 조건이 아니던가. 시적 주체는 타자의 안경을 통해 세계의 균열을 보고, 보이지 않는 주체성의 한계 너머를 사유하기 시작한다.

"이제 스스로 그 사랑의 얼굴을 드러내"[12]고 있는 황인찬의 『이걸 내 마음이라고 하자』에는 첫사랑이 퀴어의 암시와 함께 나타나는 시가 여러 편 있다. "교실 뒷문을 반쯤 연 채/ 창가에 앉은 너를 하염없이 쳐다만 보던 날/ 빛을 받은 너의 목덜미가 너무 하얘서 혼자 놀랐던// 그것이 나의 처음이었고"(「왼쪽은 창문 오른쪽은 문」)에서 "남학생이 친구에게 반하는 첫사랑의 설레는 순간"[13]이 암시되

12   전승민, 앞의 책.
13   위의 책.

고 있다. 이 시의 원형은 2012년 《현대시》에 발표된 「인덱스」에서도 발견된다.[14] 비밀에 싸인 초기작의 "죄악감"이 퀴어 서사를 입고 2020년대에 재탄생한 것이다. 이 시에서 '나'는 "보았다는 것"을 "알았다"라고 서술하고 있다. 「인덱스」는 '보았다'는 행동의 사건이 아니라 '보았다는 것을 알았다'는 인식의 사건이다. 또한 "죄악감"을 가리키는 '인덱스'라는 제목 역시 행위의 유보로서의 인식을 시사한다. 이 시는 2000년대 시문학장에서 포스트모던한 가상성의 유희로 읽히곤 했다.

미래파의 여진 속에서 쓰이고, 2020년대에 다시 쓰인 「미래 빌리기」는 시와 정치 담론을 통과해 온 성숙한 얼굴을 드러내 보인다.

---

14 "이곳에 오면 미래의 연인을 만날 수 있다는 그러한 말을 나는 믿었다(……)// 나는 자정이 오기를 기다렸다 그러자 내일이 왔다// 이 어두운,// 아무도 없는 집에서 나는 알았다 내 사랑의 미래가 거기에 있고 지금 내가 그것을 보았다는 것// 나는 깜짝 놀라서 집을 나왔고// 이제부터 평생 동안 이 죄악감을 견딜 것이다". 황인찬, 「인덱스」 부분, 《현대시》 2012년 10월호.

시의 폭력

황인찬의 「인덱스」와 「미래 빌리기」의 시차는 2000년대 시문학장을 건너왔다는 점에서 황병승과 황인찬의 시차를 내장하고 있기도 하다. 이러한 시차 속에서 성숙의 문제는 시인의 폭력이라는 민감한 문제와 엮여 있다.

시인은 양립할 수 없는 담론과 세계관들을 표현함으로써 폭력을 생산한다. 서정주가 애비는 종이었다고 커밍아웃하며 '아무것도 뉘우치지 않겠다'고 한 것은 사회적 신분과 계급의 중첩을 둘러싼 폭력을 보여 준 것이었고, 황병승이 "삐끔삐끔 항문으로 말할까 봐요// 부끄러워요"라고 한 것은 '당신'을 향한 성적 실천을 둘러싼 폭력을 보여 준 것이었다.

한때 시인은 가난을 긍지로 내세우는 특별한 존재였지만 나는 언젠가부터 시인에게 가난을 요구하는 것만이 아니라 그 스스로 가난을 자랑하는 것조차도 누군가에게 폭력이 된다는 자의식을 갖게 되었다. 서정주가 신분과 계급을 둘러싼 폭력을 '부끄럽지 않다'는 정동으로 돌파하려 무한에 이르는 에움길을 걸어야 했고, 황병승이 성적 실천과 시적 전위의 중첩을 죽음으로 게워 내야 했을 때 더 이상 한 사람의 신화적 시인에게 시를 생산하는 폭력이라는 민감한 문제를 전가해서는 안 된다고 생각한다. 그리고 그렇게 하지 않을 수 있게 된 우리 자신, 독서 대중의 역량을 믿는다.

보편의 이름으로 이성과 담론이 행사하는 폭력은 포스트모던 이후로 줄곧 비판되어 왔다. 이처럼 로고스에 고유한 폭력과 더불어 문학이 작동하는 방식 역시 폭력과 무관하지 않다. 우리의 논의에서는 특히 시가 특수한 형태의 폭력들을 시 자신에게 그리고 시인을 포함한 타자들에게 행사하고 있다는 점을 이제는 발견해 내야만 한다. 시가 상징폭력을 행사할 뿐 아니라 말 그대로 현실적 폭력을 생산한다는 이야기다.

오늘날 지식인의 역할을 나눠 맡고 있는 학자, 작가, 연구자, 언론인은 폭력의 순환으로부터 자연스럽게 자기 자신을 제외하고 있다. 그런데 2020년대 벌어진 일련의 사적 대화 무단 인용 사태 전후로 이들이 폭력에 대해 상징적으로만 관여하는지, 또는 현실적으로 연루되어 있는지를 결정할 수 없다는 것이 드러났다. 폭력의 장의 비결정성은 지적 기능의 담지자들이 폭력의 순환으로부터 스스로를 제외하면서 이 폭력의 순환에 상징적인 방식으로만 관여한다는 점으로부터 비롯한다. 이때 지식인 시인은 곧잘 이 폭력에 대한 장악력을 가지지 못한 채 관찰자로 남는다는 사실을 주목해야 한다.

사실 상징폭력이 없다면 폭력은 그 자체로 조직될 수도, 지속할 수도 없다. 상징폭력의 스펙트럼은 자기에 대한 자기의 관계에서부터 지식을 사회 속에서 분배하는 방식에까지 걸쳐 있다.[15] 한국 시의 역사 속에서 서정주와 황병승이 표상하는 시적 폭력은 역사의 폭력을 가로지르며 그 극한의 접경지대로 저공비행을 해 왔던 것이다. 하이데거에 따르면 은폐되어 있는 세계경험의 가능성의 조건은 시 안에서 나타난다. 존재는 인간의 노력을 통해서 초래된 존재자 없이는 경험될 수가 없다. 다시 말해서 우리는 시를 통한 드러냄 없이는 존재나 세계를 가질 수 없다. 이러한 존재의 일어남에는 "시나 사유 안에서 초래하는 폭력의 작용"이 연관된다[16]는 불편한 진실에 대해 그동안 우리는 "개

---

15   에티엔 발리바르, 앞의 책, 396쪽 참조.
16   재커리 심슨, 앞의 책, 227~230쪽 참조.

관"하고 있었다. "이게 아무래도 내가 저의 섹스를 개관하고 있는 것을 아는 모양이다."(김수영, 「성」)라고 아내와의 관계를 기술하듯, 독자 역시 시인을 개관하고 있었던 것 아닌가.

분명 가난을 불쏘시개로 삼아 누군가는 위대한 예술을 창출해 냈듯 폭력은 예술을 생산한다. 하지만 그 폭력이 사전에 혹은 사후에라도 충분히 사유되었는지 물을 때가 되었다. 역사의 여러 시기들에 한국 시와 담론이 생산한 상징적인 폭력이 논쟁적 상승에 이르기 위해서라도 더 많은 주체들과 시간들의 개입은 필요한 것이다.

이에 비견해 볼 때 천상병의 '떳떳한 가난', 허수경의 '세우면서 서기'와 함께 "사랑은 지옥"이라는 황인찬의 선언은 그 자신의 한계를 죽음이 아닌 삶의 자리에서 사유할 수 있게 한다. 폭력의 너머로 나아가는 길은 분명히 있다. 그것은 천상병에게 가난이라는 직업으로, 허수경에게서 세우면서 다시 서는 깃발로 나타나고 있다. 그리고 황인찬은 빌려 온 미래를 통해 현재의 균열을 만들어 냄으로써 한계 너머에서 열리는 주체성의 새로운 장소를 예비하고 있다.

말하기와 다시 살기

　　스물다섯 살에 요절한 차도하 시인은 첫 시집이자 유일한 시집 『미래의 손』(2024)을 남겨 놓았다. 생전에 산문집 『일기에도 거짓말을 쓰는 사람』(2021)이 있었지만 시인이 남긴 62편의 시는 시인 강성은, 신해욱, 김승일이 책임 편집을 맡아 사후에 시집으로 나올 수 있었다. 차도하의 시집은 그 무엇보다도 "쓰레기화된 페미니즘의 시대에, 무언가를 필요치 않은 것으로 만들어 몰아내려는 시도를 모조리 거부하고, 더러움과 오염을 기꺼이 껴안고서 나아가는 여성의 목소리"[17]로 호명된다.

　　1999년 경상북도 영천에서 태어난 차도하는 2017년 제25회 대산청소년문학상 고등부 시 부문 대상을 수상했다. 그 무렵은 문단 내 성폭력, 강남역 여성표적 살인과 국정논단이 세상을 뒤집어엎을 것 같던 시절이었다. 이후 2020년 한국예술종합학교 연극원 서사창작전공 재학 중 스무 살의 나이로 한국일보 신춘문예 시 부문에 「침착하게 사랑

17　김다솔, 「영원을 믿지 않는 사람을 영원히 믿을 때 미래는 온다: 차도하, 미래의 손(봄날의책, 2024)을 맞잡고」, 《청색종이》 2024년 가을호, 51쪽.

하기」가 당선되었는데 당시 세상을 떠들썩하게 했던 데이트 폭력 문제를 명징하게 재현해 내고 있는 수작이다. "몸에 든 멍을 신앙으로 설명"하려는 "신"과의 데이트에서 출발해 "연인들의 걸음이 멀어지자 그는 손을 빼내어 나를 세게 때린다"는 결구로 끝나는 이 시는 "기성 시인 누구도 쉽게 떠올릴 수 없게 한 개성의 충만함", "쉬이 접근하기 어려운 주제를 다루는 용기" 등의 호평을 받았다.

데뷔 후 시인은 문단 내 성폭력 가해자와 얽힌 출판사의 신춘문예 당선 시집에 작품 수록을 거부하고 '가시화 프로젝트'에 참여했으며 원고료를 고지하지 않은 청탁 의뢰를 받아들이지 않는 등 실천적 모습을 보였다. 자체 메일링 서비스 '목소리'를 운영하고 여러 독립 출판물에 글을 실으며 독자들과 교류하는 자신만의 방식을 만들려고 노력했다.

모든 죽음이 그렇지만 차도하의 죽음 역시 도저히 납득할 수 없는 죽음이었다. 『미래의 손』을 낸 출판사에 따르면 "차 시인은 지난해 4월 출판사 봄날의책에 이메일로 60여 편의 시를 투고했다. 그로부터 한 달 만에 출간이 결정됐고, 시인은 개고를 시작했다." 시를 향한 견결한 확신도, "그녀라고 불리기로 한 사람./ 그러나 여자도 남자도 아닌 사람"을 "지키는 마음"의 강인함도 그 자신의 죽음을 밀쳐 내지는 못했다는 건 얼마나 뼈아픈가. "신이 그녀를 속여도. 전 재산을 잃어도. 강간을 당해도./ 소설을 읽을 수가 없고. 선한 인물이 싫어지고./ 자두를 먹어도 단맛이 느껴지지 않고/ 끈적한 진물이 손목을 타고 흘러내릴 때도.// 보지에서 코에서 입에서 눈에서 피가 줄줄 쏟아지고.// 살아라/ 라는 말이 비겁하게 느껴질 때도// 그래서 그녀가 이미 죽은 이후에도// 나는 그녀가 죽지 않기를 바랐다."(「지키는 마음」) 그녀의 시(차도하의 시가 규정하는 의미를 담아 그녀라고 불러 보자.)는 미완의 구문들에 구두점을 꾹꾹 눌러놓은 폭발물 같다. 완결문으로 주어지기보다는 정서의 촉발 그 자체이기를 멈추지 않는 이 시구들은 리오타르가 말한 정서-문장(phrase-affect)에 가까워 보인다.[18]

홀로코스트 증언자 중 한 사람인 샤를로트 델보는 그의 저작 『아우슈비츠와 그 이후』에서 감각 기억과 외적 기억을 구별한 바 있다. 외적 기억은

---

18   장프랑수아 리오타르, 진태원 옮김, 『쟁론』(경성대학교출판부, 2015).

"사건을 말하기 위해 사건을 다시 살지 않는 기억"[18]을 가리킨다. 사건을 직접적으로 다시 경험하는 감각 기억의 방식으로 사건을 제시하려 하면, 저자는 사건의 엄청난 충격과 고통을 다시 경험하게 되기 때문에 그 사건은 이야기될 수 없게 되는 이율배반이 발생한다. 버틀러는 "말하기가 항상 다시 살기로부터 어느 정도는 거리를 둔 채로 떨어져 있고 또 그래야 한다는 것"을 알려 준다고 결론짓는다. 차도하의 시 쓰기는 다시 살기로부터 거리를 두는 말하기의 기법을 요청하는 동시에 사건의 엄청난 충격과 고통을 다시 경험하기를 요구하는 듯하다.

> 산책로에서 성폭행이 일어났다
> 나는 더는 쓸 수 없다
> 나는 백 명으로 천 명으로 만 명으로 늘어나
> 산책로를 뛰었다
>
> 나는 우르르 넘어졌고 나를 밟았고 압사를 당했고
> 나를 뛰어넘어 겨우 살았고 (……)

19   주디스 버틀러, 양효실 옮김, 『지상에서 함께 산다는 것』(시대의창, 2016), 356쪽.

하늘을 뚫고 우주를 뚫는 첨탑이 되었다

— 차도하, 「시선」 부분

이 시가 "성폭행" 사건에 대한 감각 기억에 기반해 있다는 것은 분명해 보인다. 그래서 '나'는 더 쓸 수 없으며 또한 "백 명으로 천 명으로 만 명으로 늘어나" 무한히 다시 살게 된다. 이러한 "외상적인 반복 강박"[20]으로서의 시 쓰기의 위험은 정서가 전이되고 외상이 전달될 수 있는 가능성에 있다.

물론 그녀의 죽음에도 불구하고 시 쓰기, 아니 돌 던지기는 계속될 것이다. "돌을 던질 수 있는 초능력"(「돌 던지기」)을 가지고 있었던 시인은 (슈퍼히어로들이 그러하듯?) 물러설 수 없었다. 시의 화자는 "2022년 기준 한국 나이로 스물넷"이지만 "햇수로 삼십사 년째 매일 매일" 돌을 던지고 있으며 "산수를 잘하는 사람"이 자신이 던진 돌의 개수를 셈할 수는 있어도 그것은 "초능력이 아니"라고 선언한다. 차도하에게서 시 쓰기=돌 던지기는 영토화되어 있는 이 세계에서 진위를 가리는 체제인 셈하기 자체로부터 탈주하는 것이다. '나'는 "강이 돌로

20   위의 책, 360쪽.

메워진다면 그만둘 생각이다/ 모든 것을 (……) 그렇지만 돌 던지기는 계속될 것이다."라고 함으로써 자신의 탈주를 멈출 수 없는 영구혁명으로 정위한다. 이 선언은 "다짐"이 아니라 수행문인 것이다.

"내가 태어나기 전에 그랬던 것처럼/ 내가 죽고 나서도 나는 돌을 던질 것이다."라고 할 때 그것은 모종의 형이상학의 지위를 탐한다. "천국은 외국이다. 어쨌든 모국은 아니다. 모국은 우리나라도 한국도 아니다. 천국에 살고자 하는 사람들은 입국할 때 모든 엄마를 버려야 한다. 모국을. 모국어를. 모음과 자음을 발음하는 법을. 맘―마음―맘마를." 이렇게 시작하는 시 「입국 심사」를 첫머리에 둔 『미래의 손』은 탈주의 신학이자 절반쯤은 순교자의 성물이다. 나머지 절반은 정처없이 차도하의 시를 읽고 있는 몫 없는 우리의 몫이다. 차도하의 죽음은 시의 폭력을 현시하고 그 한계 너머로 넘어가는 분투가 이미 항상 우리에게 맡겨진 책무이기도 하다는 걸 되풀이 속에서 너무나 아프게 드러낸다.

나는 절반쯤은 개다. 나는 절반쯤은 풀꽃이고.
나는 절반쯤은 비 올 때 타는 택시. 나는 절반쯤은
소음을 못 막는 창문이다. 나는 절반쯤은 커튼이며.

나는 절반쯤은 아무도 불지 않은 은빛 호각. 나는 절반쯤은 벽. 나는 절반쯤은 휴지다. 절반쯤 쓴 휴지다. 네 눈물을 닦느라 절반을 써버렸다.

— 차도하, 「나의 사물됨」

감사의 말

시를 읽으며 만나게 된 많은 친우들이 있었다. 부산의 어느 바람 많이 불던 날 서울에 올라오게 되어 잃어버린 인연들도 있고 새로운 만남도 있었다. 지나고 보면 모두 꿈같고 아름다웠다. 하지만 오늘이 항상 좋다. 지난날을 돌아보면 어떻게 그 시간들을 통과했는지 모르겠다. 내 모든 원고를 읽어 준 박승효에게 감사한다. 따뜻한 격려로 사막을 건너게 해 주신 신새벽 편집자님에게 감사드린다. 오랜만에 열심을 부렸더니 이제는 많이 늙으신 은사님 김춘식 교수님이 생각난다. 무엇보다 아직 만나지 못한 인연들에게 감사한다.

참고 문헌

C. 호제크·P. 파커 편, 윤호병 옮김, 『서정시의 이론과 비평』 (현대미학사, 2003).

T. S. 엘리엇, 이창배 옮김, 「시의 세 가지 목소리」, 『T. S. 엘리엇 문학비평』(동국대학교출판부, 1999).

강동호, 「파괴된 꿈, 전망으로서의 비평」, 《문학과사회》 101호 (문학과지성사, 2013).

강명숙 외, 『식민지 교육연구의 다변화』(교육과학사, 2011).

강성호, 『혁명을 꿈꾼 독서가들』(오월의봄, 2021).

강수택, 『다시 지식인을 묻는다』(삼인, 2001).

고은, 「미당담론」, 《창작과비평》 112호(창작과비평사, 2001).

권온, 「황병승 시의 '부끄러움' 연구: 리터러시 심화의 관점에서」, 《한국시학연구》 81호(2025).

권혁웅, 「미래파: 2005년, 젊은 시인들」, 《문예중앙》 109호(문예중앙사, 2005).

길혜민, 「1980년대 여성시에 나타난 죽음 정동연구」, 서울시립대학교 박사학위논문, 2024.

김남시, 「과거를 어떻게 (대)할 것인가: 발터 벤야민의 회억 개념」, 《안과밖》 37호(영미문학연구회, 2014).

김다솔, 「영원을 믿지 않는 사람을 영원히 믿을 때 미래는 온다: 차도하, 미래의 손(봄날의책, 2024)을 맞잡고」, 《청색종이》 2024년 가을호.

김민경, 「한국 현대시의 환상성 연구: 황병승, 김민정, 이민하를 중심으로」, 한국교원대학교 석사학위논문, 2013.

김민철, 「19세기 무명씨의 삶: 침묵한 '보통 사람'의 흔적을 찾아」, 《교차 3호 '전기, 삶에서 글로'》(읻다, 2022).

김병걸 외, 『80년대 대표평론선 2: 민족, 민중 그리고 문학』(지양사, 1985).

김용옥, 『만해 한용운, 도올이 부른다』(통나무, 2024).

김우창, 「한국시의 형이상: 하나의 관점, 최남선에서 서정주까지」, 《세대》 1968년 7월호.

김윤식, 『한국 현대 문학사』(일지사, 1976).

김윤식, 『한국 현대시 연구』(민음사, 1989).

김익균, 「강원도의 지역성과 한용운의 수업시대(1903~1909)」, 《한국근대문학연구》 32호(한국근대문학회, 2015).

김익균, 「독서 대중과 시민다움의 계기로서 릴케 현상」, 《정신문화연구》 40권 3호(한국정신문화연구원, 2017).

김익균, 『서정주의 신라정신 또는 릴케 현상』(소명출판, 2019).

김재홍, 『한국현대시인비판』(시와시학사, 1994).

김재홍, 『한용운 문학연구』(일지사, 1982).

김정환, 「민중문학의 전망에 대한 몇 가지 생각」, 《한국문학》 1985년 2월호(한국문학사, 1985).

김제란, 「한·중 근현대불교의 서양철학 수용과 비판」, 《선문화연구》 31호(한국불교선리연구원, 2021).

김종길, 「의미와 음악: 분석적 시론」, 《사상계》 1966년 3월호 (사상계사, 1966).

김종길, 『날카로운 첫 키스의 추억: 만해 한용운 『님의 침묵』 평설』(나남, 2008).

김종인, 『한용운과 근대성』(고려대학교 민족문화연구원, 2020).

김종훈, 「한용운의 시 「알 수 없어요」에 나타난 긴장의 양상」, 《어문논집》 70호(민족어문학회, 2014).

김학준, 「질식의 예감」, 《문화과학》 85호(문화과학사, 2016).

김한식, 『해석의 에움길』(문학과지성사, 2019).

김행숙, 『마주침의 발명』(케포이북스, 2009).

낸시 암스트롱, 오봉희·이명호 옮김, 『소설의 정치사』(그린비, 2020).

다니엘 파울 슈레버, 김남시 옮김, 『한 신경병자의 회상록』(도서출판b, 2024).

도나 해러웨이, 최유미 옮김, 『트러블과 함께하기』(마농지, 2021).

또하나의문화 편집부, 《여성해방의 문학: 또하나의문화 3호》(또하나의문화사, 1987).

민주화운동기념사업회 연구소 엮음, 『한국민주화운동사 1』(돌베개, 2008).

박수연, 「페미니즘 세대 선언」, 《한편 1호 '세대'》(민음사, 2020).

박선영 엮음, 『민중의 시대』(빨간소금, 2023).

박현수, 「한국문학의 '전후' 개념의 형성과 그 성격」, 《한국현대문학연구》 49집(한국현대문학회, 2016).

백철, 『조선신문학사조사』(백양당, 1949).

베네딕트 데 스피노자, 김효경 옮김, 『정치론』(갈무리, 2008).

변재원, 「우리는 서로의 일부」, 《황해문화》 126호(새얼문화재
　　단, 2025).

브뤼노 라투르, 이희우 옮김, 「왜 비판은 힘을 잃었는가?: 사실
　　의 문제에서 관심의 문제로」, 《문학과사회》 143호(문학
　　과지성사, 2023).

서관모, 「시민윤리성의 정치에 대하여」, 《사회과학연구》 30권
　　1호(충북대학교 사회과학연구소, 2013).

서은주, 『1960년대 문학과 문화의 정치』(계명대학교출판부,
　　2014).

서정주, 『미당 자서전』(민음사, 1994).

서정주, 『서정주문학전집』(일지사, 1972).

서지영, 「근대시의 서정성과 여성성: 1920년대 초기 시를 중심
　　으로」, 《한국근대문학연구》 7권 1호(한국학중앙연구원,
　　2006).

송욱, 「서정주론」, 《문예》(문예사, 1953).

송욱, 『님의 침묵 전편 해설』(일조각, 1974).

신동욱 외 편, 『한용운 연구』(새문사, 1982).

신범순, 「부서진 육체와 사랑의 공간: 채호기, 허수경론」, 《문학
　　과사회》 19호(문학과지성사, 1992).

심선옥, 「해방기 시의 정전화 양상: 『시집』과 『현대조선명시선』
　　을 중심으로」, 《현대문학의 연구》 40호(2010).

에티엔 발리바르, 서관모·최원 옮김, 『대중들의 공포』(도서출
　　판b, 2007).

에티엔 발리바르, 진태원 옮김, 『스피노자와 정치』(이제이북스,
　　2005).

여성문학연구모임 엮음, 『한국 여성문학 선집: 1990년대 성차
　　화된 개인과 여성적 글쓰기』(민음사, 2024).

오경은, 「황병승 시 연구」, 고려대학교 석사학위논문, 2016.

유운성, 『물듦: 상호감염의 미학』(미디어버스, 2025).

유종호, 『한국근대시사』(민음사, 2011).

이경수, 「1980년대 여성시의 주체와 정동」, 《여성문학연구》 43호(한국여성문학학회, 2018).

이경철, 『나와 네 외로운 마음이 겹친 이 순간: 천상병·박용래 시 연구』(솔, 2008).

이남호, 「뮤즈가 노래한 시 이전의 시」, 《현대시사상》(고려원, 1996).

이남희, 유리·이경희 옮김, 『민중 만들기』(후마니타스, 2015).

이도흠, 「조선불교유신론에서의 근대적 세계관 읽기」, 《불교평론》 16호(불교평론사, 2003).

이명호 외, 「여성해방문학론에서 본 80년대문학」, 《창작과비평》 67호(창작과비평사, 1990).

이혜정, 「1970년대 고등교육을 받은 여성의 삶과 교육」, 서울대학교 박사학위논문, 2012.

인아영 외, 『크리티컬 포인트』(문학동네, 2024).

임우기, 「미당 시에 대하여」, 『그늘에 대하여』(강, 1996).

자크 랑시에르, 진태원 옮김, 『불화』(길, 2015).

자크 랑시에르, 양창렬 옮김, 『정치적인 것의 가장자리에서』(길, 2013).

장이지, 「탈서정적인 경향과, '주체'의 문제: 2008년 이래의 시적 현상들에 대한 반성적 고찰」, 《실천문학》 117호(실천문학사, 2015).

장프랑수아 리오타르, 진태원 옮김, 『쟁론』(경성대학교출판부, 2022).

재커리 심슨, 김동규·윤동민 옮김, 『예술로서의 삶』(갈무리,

2017).

전승민, 『퀴어 (포)에티카』(문학동네, 2024).

전예완, 「니체의 비극의 탄생에 대한 재고찰: '디오니소스'의 형이상학적 의미를 중심으로」, 《미학》47집(한국미학회, 2006).

정현희, 「산업사회와 여가활동: 대기업의 사무직과 기술적 종사자를 중심으로」, 이화여자대학교 석사학위논문, 1980.

조르조 아감벤, 박진우 옮김, 『호모 사케르』(새물결, 2008).

조연정, 『여성 시학, 1980~1990: '여성'을 다시 읽고 쓰는 일』(문학과지성사, 2021).

조연현 외, 『미당연구』(민음사, 1994).

조혜정, 『한국의 여성과 남성』(문학과지성사, 1988).

주디스 버틀러, 양효실 옮김, 『지상에서 함께 산다는 것』(시대의창, 2016).

진태원, 「대중의 정치란 무엇인가?」, 《철학논집》19집(서강대학교 철학연구소, 2009).

진태원, 「피에르 마슈레와 문학적인 철학」, 《인문논총》60집(서울대학교 인문학연구원, 2008).

차도하, 『미래의 손』(봄날의책, 2024).

차도하, 『일기에도 거짓말을 쓰는 사람』(위즈덤하우스, 2021).

천상병, 『천상병 전집: 시』(평민사, 2018).

천상병, 『천상병 전집: 산문』(평민사, 2024).

최동호, 『하나의 도에 이르는 시학』(고려대학교출판부, 1997).

최두석, 「『님의 침묵』과 한국 현대시사」, 『2004 만해축전』(백담사 만해마을, 2004).

최현식, 『서정주라는 문학적 사건』(도서출판b, 2024).

폴 리쾨르, 양명수 옮김, 『해석의 갈등』(한길사, 2012).

프리모 레비, 이소영 옮김, 『가라앉은 자와 구조된 자』(돌베개, 2014).

피에르 마슈레, 서민원 옮김, 『문학은 무슨 생각을 하는가』(동문선, 2003).

피터 버거·안톤 지더벨트, 함규진 옮김, 『의심에 대한 옹호』(산책자, 2010).

하인츠 슐라퍼, 변학수 옮김, 『신들의 모국어』(경북대학교출판부, 2014).

한국여성학회 기획, 『디지털 시대의 페미니즘』(한겨레출판, 2024).

한나 아렌트, 김선욱 옮김, 『공화국의 위기』(한길사, 2022).

한나 아렌트, 김선욱 옮김, 『칸트의 정치철학』(한길사, 2023).

한수영, 『전후문학을 다시 읽는다』(소명출판, 2015).

한용운, 『한용운전집』(신구문화사, 1980).

허윤, 『위험한 책읽기』(책과함께, 2023).

허진, 「원문과 이중번역문 간의 메타몰포즈 고찰: 언어의 시적 기능과 메타언어적 기능을 중심으로」, 《프랑스문화예술연구》 36집(프랑스문화예술학회, 2011).

황인찬, 「인덱스」, 《현대시》 2012년 10월호(한국문연, 2012).

황인찬, 『이걸 내 마음이라고 하자』(문학동네, 2023).

청년의 시 읽기

시와 담론 탐구

1판 1쇄 찍음 2025년 12월 2일
1판 1쇄 펴냄 2025년 12월 19일

지은이 김익균
발행인 박근섭, 박상준
펴낸곳 (주)민음사

출판등록 1966. 5. 19. (제 16-490호)
서울특별시 강남구 도산대로1길 62(신사동)
강남출판문화센터 5층(우편번호 06027)
대표전화 02-515-2000
팩시밀리 02-515-2007
www.minumsa.com

ⓒ 김익균, 2025. Printed in Seoul, Korea

978-89-374-9225-9 04300
978-89-374-9200-6 세트